Ekstatische
Trance

Nana Nauwald
Felicitas D. Goodman

Ekstatische Trance

Rituelle Körperhaltungen
Das Praxisbuch

AT Verlag

Hinweise

An der Erforschung der Rituellen Körperhaltungen und Ekstatischen Trance sind viele Menschen im Felicitas-Goodman-Institut beteiligt. Die Beiträge im Buch, die von den Freundinnen und Freunden dieser Arbeit erforscht wurden, sind namentlich gekennzeichnet. Alle anderen Beiträge stammen von Nana Nauwald. Die Methode »Rituelle Körperhaltungen und Ekstatische Trance nach Dr. Felicitas Goodman«® ist als Warenzeichen geschützt.

Das Felicitas-Goodman-Institut bietet ein Trainingsprogramm an, das die Voraussetzung bildet für die öffentliche Tätigkeit als Seminarleiter(in) zur Arbeit mit den Rituellen Körperhaltungen.

www.felicitas-goodman-institut.de

Dieses Buch ist eine neue, vollständig aktualisierte, neu bearbeitete und erweiterte Version der unter dem Titel »Ekstatische Trance« erschienenen Ausgabe von 2004.

Umschlagbild sowie sämtliche Grafiken und Fotos im Buch:
© 2011 Nana Nauwald. Alle Abbildungen und Fotos von Statuetten und Statuen stammen aus dem Archiv der Autorinnen. Abdruck der Figur »Die Seherin der Moche« (Seite 227) mit freundlicher Genehmigung von Ulrich Hoffmann, Galerie Alt-Amerika, Stuttgart.

© 2011
AT Verlag, Aarau und München
Lektorat: Ralf Lay, Mönchengladbach
Bildaufbereitung: Vogt-Schild Druck, Derendingen
Druck und Bindearbeiten: CPI books GmbH, Ulm
Printed in Germany

ISBN 978-3-03800-610-7

www.at-verlag.ch

Inhalt

Geleitwort von Dr. Felicitas D. Goodman

Heute, im Jahr 2004, ist es 27 Jahre her, dass ich bei meinen Studenten das erste Staunen über die Verzauberung der in einer Rituellen Körperhaltung erfahrenen Trance erlebte. Diese Verzauberung hat für mich bis jetzt nicht aufgehört.

Ich bin voller Dankbarkeit all den sichtbaren und nichtsichtbaren Weggefährten dieser Jahre gegenüber, die diesen Weg der Erfahrung der »anderen Wirklichkeit« möglich gemacht haben.

Heute, mit neunzig reichen Lebensjahren gesegnet, erfahre ich mit Freude, dass in meiner alten Heimat Europa der Geist der Rituellen Körperhaltungen sich immer mehr in die »alltägliche Wirklichkeit« vieler Menschen einwebt. Dieses durch die Erfahrungen und Erforschungen der letzten sieben Jahre neu »geborene« Buch trägt den Reichtum vieler Bewusstseinsräume und Wirklichkeiten in die Herzen derjenigen, die mit einem offenen Geist bereit sind, die Unendlichkeit der Welten des Bewusstseins immer wieder neu zu erfahren.

May we all walk the beautiful way!

Felicitas D. Goodman,
im Juli 2004

Geleitwort von Nana Nauwald

Die Saat, die Dr. Felicitas D. Goodman (1914 bis 2005) mit der Erforschung der Rituellen Körperhaltungen als eine Methode der heilsamen Erkenntnis ausgestreut hat, ist vielfältig und vielfarbig aufgegangen. Weltweit verweben heute Freundinnen und Freunde ihrer Arbeit den Geist dieses aus schamanischen Wurzeln gewachsenen Erfahrungswegs mit ihrem eigenen Geist und inspirieren durch ihr Tun dazu, den Reichtum der vielfältigen Bewusstseinsräume und Wirklichkeiten in sich zu erfahren. Das vorliegende Arbeitsbuch in seiner 5., neu bearbeiteten Auflage kann in diesem Sinne ein zur eigenen Erfahrung anregender Wegbegleiter sein. Ich bin mir sicher: Felicitas Goodman würde aus Freude über das Wachstum ihrer Saat durch dieses Buch mit Wonne ihre Rassel im 210er-Beat tanzen lassen!

Nana Nauwald,
im Sommer 2011

»Rituelle Körperhaltungen und Ekstatische Trance« – Ein neuer Weg aus altem Wissen

»Der Zustand der Trance ist eine im Menschen angelegte Erfahrungsmöglichkeit. Trance ist die biologische Tür zur anderen, heiligen Wirklichkeit.
Das Körpererlebnis allein ist keine Bewusstseinserweiterung. Durch die Rituelle Körperhaltung und die damit verbundene Absicht kann man mit allen Sinnen zum ekstatischen Erleben kommen.«

Dr. Felicitas D. Goodman

Ver-rücktes, ent-zücktes Erkennen der Welt

*»Der natürliche Zustand des Menschen ist das ekstatische
Staunen, mit weniger sollten wir uns nicht zufriedengeben.«*

Midpeninsula Free University, Bulletin, Kalifornien 1969

Seit 28 Jahren bestimmen innere und äußere Reisen in die Bewusstseinswelten schamanischer Kulturen mein Leben in allen Nuancen
seiner Vielfarbigkeit. Wundersames, Unglaubliches und mir Uner-
klärliches habe ich in diesen Welten mit allen Sinnen erfahren.
Lange Zeit habe ich versucht, diese Erfahrungen durch mir vertraute Denkmodelle zu erklären und zu begründen. Dieser Versuch
des »Verstehens« scheiterte daran, dass er über mein Denken statt-
fand. Zu einem sinnenhaften Begreifen des lebendigen Schamanismus indigener Völker hat er mich nicht geführt.

Irgendwann in einem nächtlichen schamanischen Heilritual
am Amazonas wurde mir klar, dass Schamanismus in seinen vielfältigen Erscheinungen durchaus erklärt werden kann, dass es aber
nur einen Weg gibt, ihn zu verstehen: durch die eigene Erfahrung.
Doch die intensivste Erfahrung bleibt ohne Auswirkung, wenn sie
nicht durch bewusstes Tun ins alltägliche Leben eingebracht wird.

»Erfahrung ist nicht das, was einem Menschen geschieht.
Es ist das, was ein Mensch aus dem macht, was ihm
geschieht.« Aldous Huxley

Vielfarbige und manchmal auch verworrene Erfahrungswege durch indigene Schamanenwelten war ich schon gegangen, als ich mich im Jahr 1991 auf den Weg in die Wüste New Mexicos begab – mit klopfendem Herzen und einem geistigen Sack voller Fragen zu Möglichkeiten der Integration von schamanischen Ritualen und Methoden in unsere heutige Gesellschaft.

Es war wahrhaft keine »alltägliche« Reise, die mich in die »nichtalltägliche« Welt der Felicitas D. Goodman nach Cuyamungue nahe der New-Age-Hochburg Santa Fe führte. In den sanften Hügeln der kargen Wüste des Hochlands stand sie vor ihrem kleinen Ein-Zimmer-Adobehaus, hinter großen Brillengläsern blitzten mich wache Augen prüfend an. Ich hatte zuvor schon einige Male ihre Seminare in Deutschland besucht, trotzdem stand ich vor ihr in einer Mischung aus Erwartung und Unsicherheit. So lange schon hatte ich auf meinen Wegen nach einer älteren Frau gesucht, die mir Lehrerin sein könnte, die mich unterweisen und herausfordern würde und die auf meinem Lernweg hinter mir stünde. Und nun stand sie vor mir, diese bemerkenswerte Frau! Bemerkenswert in der Klarheit ihrer Worte und ihres Handelns, beeindruckend in der feinen Verbindung von Wissenschaft, Wissen, Bewusstheit und Bescheidenheit.

Ich wurde ihre Schülerin, dreizehn Jahre lang, bis sie in ihre geistige Heimat ging.

Nach einigen Jahren waren wir vertraute Freundinnen, die nicht nur gemeinsam staunend die »anderen Wirklichkeiten« mit ihrer bunten Geisterschar erlebten und Rituelle Körperhaltungen und ihre Auswirkungen auf Körper und Geist erforschten, wir haben auch viel zusammen gelacht und so manchen Tequila miteinander getrunken: auf das Wohl dieses so unbegreiflich vielfältigen, geheimnisvollen Lebens in allen Bereichen der Wirklichkeiten.

Und so begann mein bis heute von mir beschrittener Erfahrungsweg in die Wirklichkeitsfelder des durch Körperhaltung und Rhythmus angeregten Erlebens einer Ekstatischen Trance: Fordernd hallten die Schläge einer Trommel durch die flirrende, blau-klare Luft der Wüste New Mexicos. Mit ihrem feinen, verschmitzten Lächeln stand Felicitas Goodman in der unerschütterlichen Ruhe ihrer langen Lebensjahre vor dem Eingang der Kiva und trommelte die Gäste ihres Workshops zum Ritual einer Trancehaltung herbei. Die Tür der in die Erde gebauten Kiva, des Herzstücks des Geländes und der rituellen Arbeit in Cuyamungue, schloss sich. Felicitas zelebrierte das die Trance vorbereitende Ritual der Reinigung der Teilnehmerinnen mit Salbei, das Maismehlopfer für ihre Rassel und die Geistwesen und begrüßte die Kräfte der Himmelsrichtungen. Nach einer stillen Zeit der Konzentrierung mit ruhigen Atemzügen nahmen wir die uns von Felicitas gezeigte Rituelle Körperhaltung ein und schlossen die Augen.

Der gleichmäßige, schnelle Beat der Rassel von 210 bpm (*beats per minute*, Schläge in der Minute) regte den Übergang vom Alltagsbewusstsein in einen veränderten Wachbewusstseinszustand an, die Körperhaltung bildete das Tor zu einem bestimmten Raum in den Welten des Bewusstseins.

»Es wartet vielleicht um die Ecke
Ein Tor, ein Durchschlupf in der Hecke.
So oft ging ich daran vorbei.
Doch kommt der Tag da geh ich frei
Den Weg, der ins Geheimnis führt,
Wo West die Sonne Ost den Mond berührt.«   J.R.R. Tolkien

Es dauerte einige Zeit, bis ich den »Durchschlupf« in meiner aus Gedanken gebauten »Trance-Verhinderungs-Hecke« fand, zu viele Alltagsgedanken schwirrten mir durch den Kopf. Ich hörte in mir Felicitas' ermahnende Worte, die sie zu ihren erklärenden Anweisungen vor der Trance gegeben hatte: »Wenn die Gedanken den Zugang zum Erleben in der Trance blockieren, konzentrier dich ganz auf den Klang der Rassel!« Das tat ich und registrierte, wie mein »Denkhamster« still wurde und der Klang sich veränderte: Die Rassel fing an zu singen. Dabei blieb es nicht – immer mehr Rasseln sangen und tanzten um mich im Kreis herum. Nicht eine, sondern viele! Große Hitze durchflutete meinen Körper, ich tauchte ein in

Fluten von Blautönen, die sich in ein tief aus sich heraus leuchtendes und sich bewegendes Orange wandelten. Ich nahm die Rassel nicht mehr wahr, wurde zu türkisfarbenem Wasser, das durch einen hohlen Baumstamm floss, auf ein Licht zu. Als ich heraus aus dem Baumstamm floss, wurde ich zu Wasser, das in Regenbogenfarben funkelte und sich irgendwie süß anfühlte. Ich wurde eine gelbe Trommel, die spiralförmig durch das dunkle All tanzte, sich selber trommelnd. Bunte geometrische Formen kreisten um mich herum. Ich konnte die Erde unter mir sehen, ganz deutlich in vielen Einzelheiten. Dann verstummte die Rassel. Benommen löste ich mich langsam aus der Haltung, ruhte mich im Liegen aus, mein Körper war noch lange danach erfüllt von einem wohligen, süßen Gefühl.

Felicitas Goodman hatte uns in das Erleben einer Rituellen Körperhaltung geführt, die besonders gut dafür geeignet ist, die eigenen Heilkräfte zu aktivieren: die »Tschiltan-Haltung« (siehe Seite 119). Sie ist eine der mittlerweile etwa neunzig von Felicitas Goodman und ihren Mitarbeiterinnen erforschten Körperhaltungen, die in Verbindung mit der rhythmischen Anregung von zirka 210 bpm die Filter der Wahrnehmung verschieben und es möglich machen, die Vielfalt von Wirklichkeiten im Bewusstseinsfeld mit Hilfe einer bewusst herbeigeführten Trance zu erfahren.

Wie kam eine ehrwürdige Doktorin der Anthropologie dazu, sich mit dem wissenschaftlichen Randgebiet »Trancezustände« zu beschäftigen?

Noide (nordischer Schamane) mit Trommel, alte Steinritzung.

Ausgangspunkt für Felicitas Goodman war ihre Forschung über die Glossolalie, das »In-Zungen-Sprechen«, bei einer Pfingstgemeinde in Mexiko. Glossolalie ist eine Erscheinungsform der Besessenheitstrance, wie sie zum Beispiel auch im brasilianischen Candomblé praktiziert wird.

Bei ihren weitergehenden Forschungen über den Zusammenhang von Klang, Rhythmus und Trancezuständen religiöser Gemeinschaften stieß sie auf Abbildungen von Statuetten aus der

Frühzeit der Menschheitsgeschichte, die in besonders auffälligen Körperhaltungen dargestellt werden. Doch zeigten diese eigenartigen Posen auch Menschen im Zustand einer Trance? Um das durch Versuche herauszufinden, brauchte sie einen Hinweis auf die Art der rhythmischen Anregung, die bei den Kulturen, aus denen die Statuetten entstammten, bekannt und auch gebräuchlich waren. Der berühmte Helfer »Zufall« ließ sie bei ihrer Suche auf die Abbil-

Sami in Trance. Ausschnitt aus einem Holzschnitt von J. Schefferus, 1673.

dung eines trommelnden Sami-Schamanen stoßen, der in eigenartiger Körperhaltung neben einem Mann kniete. Hinzu kam, dass sie in ihrer Wahlheimat New Mexico vertraut war mit den Tänzen der Pueblovölker, die zu einem schnellen Rhythmus ihrer Rasseln in Trancezustände geraten. Diesen schnellen Rhythmus entdeckte sie dann auf ihrem Forschungsweg bei vielen indigenen Völkern wieder.

Felicitas Goodman kam zu dem Ergebnis, dass sich der Bewusstseinszustand in bemerkenswerter Weise verändert, wenn man eine der wiederentdeckten Rituellen Körperhaltungen alter Kulturen nachstellt und sie mit einer rhythmischen Anregung, mit Rassel oder Trommel, begleitet: Es tritt der Zustand einer Trance mit visionärem Erleben ein.

Der Begriff »Trance« ist bei der Arbeit von Felicitas Goodman als Zustand des Übergangs zu verstehen. Das Wort lässt sich auch auf das lateinische Verb *transire* (hinübergehen) zurückführen. Der »Übergang« bezeichnet hierbei den willentlichen Wechsel vom alltäglichen in einen veränderten Bewusstseinszustand, in dem es möglich ist, Räume des Bewusstseinsfelds wahrzunehmen, die nur mit einem veränderten Blick zu erkennen sind. Dieses Erleben ist gekennzeichnet durch den mit allen Sinnen erfahrenen Zustand eines freudigen, angstfreien Lebensgefühls, ein Gefühl der »Süße«, das zugleich auch das Gefühl des »Geborgen-« und »Mit-allem-verbunden-Seins« sowie »Weite« umfasst – ohne Beschränkung von Zeit und Raum.

Der Begriff »Ekstase« geht auf das griechische Wort *ékstasis* zurück, wörtlich das »Aus-sich-herausgetreten-Sein«, beschreibt also das »Außer-sich-Sein« oder »-Stehen«, »Verzückung«, »höchste Hingabe«.

»Ekstase geht tiefer, führt höher hinauf als die gewöhnliche Freude, sie ist nicht anders als durch besondere Disziplin und Geschicklichkeit zu erlernen.« Alan W. Watts

Das Erreichen dieses Zustands ist möglich durch die extreme Einschränkung von Sinnesreizen wie Fasten, Isolation, Askese oder durch den gezielten Einsatz sensorischer Reize wie zum Beispiel Rhythmus, Tanz, Gesänge, Atemtechniken, psychoaktive Substanzen oder Schmerz. Ekstatische Erfahrungen können Menschen wandeln, Perspektiven, Lebensgefühl und Werte verändern und heilende Prozesse anregen.

»Trance« korrespondiert im Arabischen mit dem Wort *wajd* für »finden«. Tatsächlich geht es in der Trance darum, Erkenntnis und Einsicht zu *finden*, nicht zu suchen. Die Voraussetzung zum Erreichen dieses heilsamen Zustands der Erkenntnis ist in jedem Menschen angelegt. Alles, was wir zum Erkennen der Vielfalt von Wirklichkeiten und zur direkten Einsicht in das lebendige Bewusstseinsnetz brauchen, tragen wir mit uns: im wunderbaren Instrumentarium unseres Körpers.

Der Zustand der Trance war und ist immer noch in einigen wenigen Kulturen eine gesellschaftlich anerkannte Methode, Körper, Seele und Geist in heilsamer Ausgeglichenheit zu halten und sie bei Störungen dieser Balance wieder in die Harmonie zu bringen. Eine kulturvergleichende Studie von Erika Bourguignon (1973, siehe Literaturverzeichnis) zeigt, dass von 488 Gesellschaften in verschiedenen Erdteilen 437 über mindestens einen institutionalisierten, kulturell geformten Weg zur Erfahrung veränderter Bewusstseinszustände verfügen.

Der Umgang mit nichtsichtbaren Wirklichkeiten und Kräften sowie Erfahrungen von Trance und Ekstase sind in unserer nicht auf ein gemeinsames geistiges Weltbild bezogenen Gesellschaft ein heikles Thema und mit vielen Ängsten und Vorurteilen besetzt. Es scheint die auf materielle Werte ausgerichteten Gesellschaftsordnungen und die sich durch reglementierende Glaubensvorschriften auszeichnenden Religionen zu beunruhigen, dass es möglich ist, die Verbundenheit mit den Erscheinungsformen des Lebens, dem Urgrund von allem, erfahren zu können, ohne eine andere Bedingung zu erfüllen, als bereit zu sein für diese Erfahrung. Diese Erfahrung kann in eine innere Freiheit führen, die unabhängig macht von starren Ordnungsgefügen und zu einem selbstverantwortlichen Handeln führt.

Wer bewusst und mit Absicht erlebt hat, dass der eigene Geist, das eigene innerste Wesen unabhängig ist von materieller Erscheinungsform, Zeit und Raum, der kann auch in der alltäglichen Wirklichkeit intensiver und von vorgegebenen Mustern unabhängiger leben.

Es wäre eine sehr weise Gesellschaft, in der es möglich wäre, besonders junge Menschen unter kundiger Anleitung in geschützten Räumen in dieses Erleben von Ekstase und Trance einzuführen, frei von der Abhängigkeit jeglicher Substanzen.

Die begleitete Erfahrung willentlich herbeigeführter Wahrnehmungsveränderungen kann uns die Vielfalt und das Potenzial der eigenen Lebenskraft erkennen lassen und darin bestärken, das Leben kreativ und verantwortlich zu gestalten – für uns und für andere.

Die von Felicitas Goodman und ihren Mitarbeiterinnen erforschten Rituellen Körperhaltungen zur Erreichung derartiger Bewusstseinsebenen entstammen überwiegend frühen, von schamanischer Weltsicht geprägten Kulturen. Heilsames Wirken für sich und andere ist das Grundgewebe dieser seit Jahrtausenden bestehenden genialen Mischform aus Naturwissenschaft, Medizin, Psychotherapie und Theater, genannt »Schamanismus«. In vielen Gesellschaften wurde er verboten und verfolgt, verunglimpft und belächelt – und ist dennoch lebendig geblieben, und zwar in neuen Gewändern und auf neuen Wegen.

Doch auch wenn wir heute in einer nichtschamanischen Gesellschaft leben, so können wir doch viele der uns aus verschiedenen Kulturen überlieferten schamanischen Methoden nutzen, um wieder in Verbindung zu kommen mit dem auch in unseren europäischen Kulturen tief verwurzelten Wissen der »Alten«. Es ist zeitlos und hat an Aktualität nichts verloren.

So wachsen auch immer mehr kleine Gemeinschaften und Gruppen spiritueller »Weltenwanderer«, die mit bewusst verändertem Blick lange nicht beachtete Zugänge zu den schamanischen Wurzeln unseres Kulturraums erkennen und durch Rituale und praktische Arbeit beleben. Dieser Zugang zu den uns umgebenden Kräften der Natur, zu den geistigen Welten unserer Ahnen, wurde nicht nur durch die Herrschaftsstrukturen der Kirchen verfremdet, sondern auch während der Hitler-Diktatur manipulierend eingesetzt und missbraucht. Erst nach einer Zeit des allmählichen Verheilens der durch die Nationalsozialisten geschlagenen Wunden im Verhältnis zum Natur-Geist ist es mehr und mehr Menschen wieder möglich, die traditionsreichen Zugänge zur »Anderswelt« unserer Vorfahren zu betreten, ohne in die Ecke rechten Gedankenguts gestellt zu werden.

Maskentanz,
Ritzzeichnung.

Hauptsächlich Frauen sind es, die behutsam diese alten Zugänge wieder freilegen. Es ist eine wachsende Schar von kräuterkundigen, tierverbündeten Frauen, die Jahreskreisrituale feiern, an schamanischen Traditionen orientierte Bewusstseinsreisen machen, durch Klang, Tanz, Willenskraft, Konzentration und Hingabe das feine Netz der Lebenskräfte immer wieder neu beleben und sich von ihm neu inspirieren lassen – um für sich und für andere heilsam zu wirken. Dieser Weg der bewussten Wahrnehmung des Eingebundenseins in das lebendige Resonanzfeld Leben und die daraus sich entfaltenden Möglichkeiten an Wandlungsprozessen zum eigenen Wohl und zum Wohle anderer Wesen wird auch von Therapeuten und Managementtrainern mit zunehmendem Interesse begangen.

»Unser Wissen ist nicht vorhanden, wenn es nicht benutzt wird.«
Igor Strawinski

Doch mit den Methoden aus schamanischen Kulturen zu arbeiten, macht noch niemanden zur Schamanin oder zum Schamanen. Immer noch ist in den wenigen noch im Weltbild des Schamanismus lebenden Gemeinschaften die »Gabe des Sehens« Voraussetzung dafür, Schamane zu sein. Diese Gabe ist nicht erlernbar, denn sie ist ein Geschenk aus der geistigen Welt. »Von oben Behauchte« ist daher eine sehr stimmige Bezeichnung für »Schamanen«.

»Schamanismus ist keine Religion, sondern ein Ganzes von ekstatischen und therapeutischen Methoden, die alle das eine Ziel verfolgen, den Kontakt herzustellen zu jenem anderen, parallel existierenden, jedoch unsichtbaren Universum der Geister, um deren Unterstützung für die Besorgung der menschlichen Belange zu erwirken.«
Mircea Eliade

Auf die Frage, ob sie eine Schamanin sei, hat Felicitas Goodman immer nur herzlich gelacht. »Schamaninnen gibt es nur in Gemeinschaften, die im geistigen Weltbild des Schamanismus leben. Ich habe lediglich einen von vielen möglichen Zugängen gefunden zu den Räumen der anderen Wirklichkeiten.«

Es erfordert Erfahrung, Kreativität und Mut, neue Wege aus dem »alten« Wissensfeld heraus zu entfalten und zu beschreiten, ohne dass man schamanische Traditionen schematisch zu imitieren versucht, sondern sie stattdessen der heutigen eigenen Lebensweise entsprechend zum Einsatz bringt.

Die alten Kulturen, aus denen die Körperhaltungen stammen, die wir in ihrer Trancewirkung erforschten, haben uns mit ihren Artefakten Bilder und Symbole hinterlassen, die materielle Träger der geistigen Welt dieser Kulturen sind. Sie zeugen häufig von dem Reichtum und der Vielfalt ihres zeremoniellen Lebens.

Die daraus entwickelten rituellen Körperhaltungen ermöglichen es, sich in einen »empfangenden« Zustand zu begeben, um sich mit dem eigenen Kreativitätspotenzial zu verbinden. Jede absichtliche Verbindung mit dem kreativen Feld führt in eine Anbindung an das nichtpersönliche Bewusstseinsfeld, in dem wir bis dahin nichtgesehene Möglichkeiten der Lebensgestaltung erkennen können. Die Methode der »Rituellen Körperhaltungen und Ekstatischen Trance« ist einer der sich heute aus den schamanischen Wissenswurzeln unserer Ahnen neu entfaltenden spirituellen Wege in Resonanz mit den Erscheinungen der lebendigen Natur.

Schamanismus und das Erleben der Seele

Dr. Felicitas D. Goodman

»In Wirklichkeit sind die Schamanen keineswegs in erster Linie Zauberer, sondern Seelenführer, Heiler und Künstler.«

Hans Findeisen

Der Begriff »Schamanismus« stammt von einem Wort der Tungusen, einem Jäger- und Rentierhirtenvolk des nördlichen Sibirien. Ursprünglich bezeichnet das Wort »Schamane« einen religiös Praktizierenden, der das ganze Erbe der mündlichen Literatur seines Stammes beherrschte. Er verfügte über die religiösen Rituale. Er war ein Heiler, der durch den Gebrauch »archaischer ekstatischer Techniken« (Eliade 1951) Kontakt zu der Welt der Geister her-

Höhlenzeichnung der Körperhaltung »Das Rufen der Geister«.

stellen konnte und in der Lage war, außerordentlich intensive spirituelle Arbeit zu betreiben.

Im Lauf des 20. Jahrhunderts erfuhr die Eliade-Definition des Begriffs eine Erweiterung, hauptsächlich aufgrund des Einflusses Eliades, der durch seine Arbeit in zunehmendem Maße die religiösen Systeme der nichtwestlichen Welt abdeckte. Das bezog sich auf die Kulturen, die keine Verbindung zum Ackerbau und zur Landwirtschaft hatten.

Eine der herausragenden Charakteristika dieser sogenannten schamanischen religiösen Systeme beruht auf der Tatsache, dass die Praktizierenden entweder einzeln oder kollektiv über ihre Erlebnisse der Existenz einer oder auch mehrerer dem Menschen innewohnender, abtrennbarer Wesenheiten berichten, die »Seele« genannt werden.

Wenn mehrere Seelen erlebt werden – zum Beispiel sprechen manche Inuitvölker von fünf Seelen für den Mann und vier Seelen für die Frau –, liegt eine gut eingerichtete Arbeitsaufteilung vor. Eine Seele könnte zuständig sein für die Energie von Bewegung, eine andere betritt den Raum des Traums, und noch eine andere unternimmt eine Seelenreise in die andere Wirklichkeit.

Die Seele wird nicht als getrennt vom Individuum erlebt. Sie ist identisch mit ihm. Aber wenn sie austritt als Reaktion auf das richtige Ritual, nimmt sie verschiedene voneinander abweichende Eigenschaften an. Die Seele ist nicht abhängig von den Gesetzen der Schwerkraft, sie kann ohne weitere Hilfsmittel reisen oder sich an weit entfernte Orte versetzen. Sie ist auch nicht an die Dimensionen der Zeit gebunden; das heißt, sie kann ein gegenwärtiges Geschehen genau so leicht besuchen wie ein vergangenes – nur die Zukunft ist nicht zugänglich. Die Seele hat keine Dimension und ist vergleichbar mit einem Punkt, der durch zwei sich kreuzende Linien entsteht und daher keine Dimension (oder Ausdehnung) aufweist. Diese Nicht-Dimension ermöglicht es der Seele, in ein anderes Wesen, einen Vogel, ein Tier oder eine Pflanze zu schlüpfen. Von dieser Fähigkeit der Seele wird viel erzählt in den Mythen und Märchen aller Kulturen. Ob die Seele »unsterblich« ist, wissen wir allerdings nicht.

Ein weiteres Merkmal der Seele ist, dass sie, vergleichbar einem Hologramm, auch die Fähigkeiten der Wahrnehmung und Willensentscheidung in sich trägt. Sie ist eine bewusste Beobachterin, sie ist jedoch nicht perfekt, deshalb kann sie sich zum Beispiel »verlieren« oder »verirren«. Findet sie nicht zu ihrer menschlichen, körperlichen Heimat zurück, wird ihre Abwesenheit den Menschen erkranken lassen. Ein Schamane oder Heiler wird dann die Seelenwiederfindung unternehmen müssen. Die Seele kann auch versehentlich entschlüpfen, wenn ein Kind sich erschreckt. Dann müssen die Mutter und die ganze Familie intensive Rituale durchführen, um die Seele zurückzulocken und somit das Kind zu heilen.

Überall in der Welt enthalten die Rituale, die die Seele von ihrem »Liegeplatz« lösen sollen, rhythmische Anregungen wie das Rasseln oder Trommeln. Diese Anreize verändern den biochemischen Körperhaushalt und können in »kochender Energie« gipfeln, wie es die Buschmänner der Kalahari nennen (Katz 1985). Wir nennen diese Veränderung »Ekstatische Trance«.

Das zu der Herbeiführung der Ekstatischen Trance dienende Ritual als Bestandteil der Kultur der jeweiligen Gruppe bildet immer das zentrale Thema im religiösen Zusammenhang. Dieses Ritual kann ein Tanz sein, das Tragen von Masken, das Vortragen oder Singen von heiligen Texten oder ähnliche Aktivitäten.

Im Verlauf unserer Forschungsarbeit entdeckten wir jedoch eine Art von Ritualen, die nicht an bestimmte Stammeskulturen gebunden sind. Wir fanden heraus, dass ungewöhnliche Körperhaltungen, die seit Jahrtausenden in der nichtwestlichen Kunst dargestellt wurden, den empirischen Faktor liefern können, der nötig ist, um die oben beschriebenen neurophysiologischen Veränderungen zu unterstützen und somit den Einstieg in die andere Wirklichkeit zu ermöglichen. Im anthropologischen Sinne heißt das, dass wir einen Weg zur partizipierenden Beobachtung gefunden haben.

Diese nichtgewöhnlichen Rituellen Körperhaltungen fördern Erlebnisse wie zum Beispiel Seelenreisen in die untere, mittlere oder obere Welt, können Wandlung in Tiergestalt bewirken, heilende Geister oder andere Bewohner dieser anderen Wirklichkeit herbeirufen. Durch anthropologische Feldstudien wurde belegt, dass solche ungewöhnliche Rituelle Körperhaltungen in vielen religiösen Ritualen aufgenommen und integriert wurden.

So wird deutlich, dass das Erlebnis der Seele auch für einen modernen westlichen Menschen möglich ist. Es gibt viele Gründe dafür, warum im heutigen westlichen Denken das Wissen um die Erfahrungsmöglichkeit der Seele nicht mehr beachtet wird beziehungsweise ins Vergessen gedrängt wurde. Ein Grund hierfür ist ohne Zweifel die Tatsache, dass sich, als die Griechen der Antike ihr Schriftsystem entwickelten, auch ihr Wirtschaftssystem vom Gartenbau zum Ackerbau und zur Tierhaltung veränderte. Vergleichbare Studien von Religionen zeigen deutlich, dass, wenn diese Art von kultureller Verlagerung stattfindet, die Seele nicht mehr frei ist, um herumzustreifen, weil der kulturelle Kontext dafür nicht mehr vorhanden ist.

Die vielfältigen, traditionell verankerten Möglichkeiten der Seele wurden in das Reich der Mythologie und der Dichtung verbannt. Unter den Dichtern der sogenannten klassischen mystischen Schule Griechenlands tauchten zahlreiche Vermutungen über die Seele auf, ohne dass auf eine Erfahrung mit ihr zurückgegriffen werden konnte. So gab es Spekulationen, dass die Seele zum Beispiel aus einer dem Staub ähnlichen Substanz bestehe, aber es gab kein Wissen mehr, nicht einmal die Ahnung von den Qualitäten und Aktivitäten der Seele.

Die Traditionen der griechischen Gartenbauer haben nicht bis in die Zeit der griechisch-römischen Klassik überlebt. Hätten die Humanisten über das Wissen dieser Traditionen verfügt, wären das Verhalten und die Einstellung der westlichen Eroberer während der Kolonisierung und Plünderung der nichtwestlichen Welt vielleicht respektvoller gewesen gegenüber dem Wissen um die Existenz und das Erleben der Seele – aber angesichts der westlichen Arroganz und Habgier würde ich auch darauf nicht wetten.

Die Tür zum Paradies öffnet sich wieder ...

Dr. Felicitas D. Goodman

»Auf jeden Fall aber spiegelt sich im Schamanentum (...) die Tätigkeit seelischer Regionen, die vor allem als die Quellen künstlerischer Kreativität und sogenannter okkulter Fähigkeiten angesprochen werden können.«

Hans Findeisen und Heino Gehrts

Im Jahr 1966 waren wir im Wohnzimmer meines bescheidenen Hauses in Ohio zusammengekommen: Acht Versuchspersonen und ich, um eine Antwort zu finden auf eine besondere Frage, die sich aus meiner Forschung ergeben hatte. Dass sich bei besonderer rhythmischer Anregung dramatische Veränderungen im Körper einstellen, wussten wir schon lange. Auch dass die Erlebnisse dabei im Allgemeinen neutral geblieben waren, war immer wieder bestätigt worden. Zu erkunden war nun, ob sich das Bild ändern würde, wenn wir das Einnehmen einer der vielen in der nichtwestlichen Kunst dargestellten Körperhaltungen hinzufügten.

Das überwältigende Ergebnis dieser Versuche habe ich mehrfach beschrieben. Plötzlich und völlig unerwartet schlug die Tür auf zu einem Reich, dessen geheimnisvolle Tiefe und Weite wir damals nicht haben ahnen können. Der anfänglich nur sechs Haltungen umfassende Satz hat sich inzwischen auf circa achtzig erweitert. In diesem Arbeitsbuch werden alle Rituellen Körperhaltungen, die wir in ihrer Trancewirkung als mächtig erfahren haben, mit Abbildung und Beschreibung dargestellt. Haltungen, die wir erforscht, aber in ihrem Erleben als zu schwach erfahren haben, sind nicht mehr aufgeführt. Alle entdeckten Haltungen werden außerdem mit ihrem kulturellen Hintergrund beschrieben. Dabei ergeben sich zwei Fragen. Erstens: Was treibt uns, immer noch weitere Haltungen zu suchen und zu erforschen? Und zweitens: Warum fühlen wir uns gedrängt, das Erlebnis der Rituellen Körperhaltungen und der Ekstatischen Trance stets neu zu erleben?

Die Suche nach einer Antwort auf die erste Frage führt uns in die Vorzeit zu den Wurzeln unserer Menschwerdung. Wie allgemein bekannt, erscheinen die Vorläufer unserer menschlichen Art vor etwa viereinhalb Millionen Jahren in Afrika. Die Geschichte ist außerordentlich lückenhaft – es werden immer wieder viele Jahrtausende übersprungen, weil wir nicht genug Knochengerüste finden können. Trotzdem ergibt sich ein Bild des allmählichen Fortschritts in dem Sinne, dass die Gliedmaßen länger werden und der Kopf etwas größer.

Ganz plötzlich, vor etwa 100 000 Jahren, erscheint etwas völlig Neues in dem Bild unserer Vorfahren. Sie schaffen etwas, was wir moderne Menschen als Kunst bezeichnen. Was war geschehen? Überall in der Welt kündigten sich Spuren dieses neuen Sprungs in der menschlichen Entwicklung an. Die Funde besagen es, aber die Frage nach dem »Warum« wird kaum gestellt. Unerwarteterweise hat sich nun nicht in der Vorgeschichte, sondern in einem ganz anderen Forschungsgebiet eine mögliche Antwort ergeben. Vor etwa einem halben Jahr berichteten amerikanische Forscher von der Universität von Kalifornien in Santiago von einem Versuch, den sie bei Epileptikern ausgeführt haben. Epileptiker sprechen oft spontan von religiösen Erlebnissen, und diese Forscher wollten gern ergründen, ob sich irgendetwas im Gehirn nachweisen lässt, was den Punkt des Ursprungs für diese Erlebnisse darstellen könnte. Sie fanden übereinstimmend, dass es im Gehirn eine Stelle gibt, und zwar im rechten Vorderlappen, die ganz besonders auf religiöse Inhalte reagiert. Dieser bemerkenswerte Befund mag zur Erklärung dessen dienen, dass alle uns bekannten menschlichen Gesellschaften jedweder Art stets eine Religion haben.

Es stellt sich nun folgende Frage: Gibt es eine besondere Art der Verbindung unter den Gehirnzellen, etwas uns bislang Unbekanntes, was es ermöglicht, dass der Mensch religiöse Inhalte erlebt?

Nun können wir natürlich nicht feststellen, ob zu der Zeit, da zum ersten Male Zeugnisse der Kunst in der Vorgeschichte der Menschheit auftauchen, gleichzeitig auch eine derartige Veränderung in der Gehirnstruktur des Menschen festzustellen ist. Wir haben nur die Schädel, aber nicht den Inhalt, das Hirn. Ohne Weiteres können wir aber spekulieren, dass das plötzliche Auftauchen der Kunst, die ursprünglich immer ein religiös bestimmtes menschliches Erleben war, gleichzeitig mit einer Veränderung des Gehirns entstanden sei. Ich möchte eine weitere Spekulation hinzufügen: Kunst als Ausdrucksform des Religiösen gründet sich in seinem Ursprung immer auf einen veränderten Bewusstseinszustand. Wir können also behaupten, dass die Entwicklung im Gehirn, die plötzlich bei unseren Vorfahren aufgetreten ist, die Möglichkeit zum Sprung in eine andere Bewusstseinslage vorbereitet hat.

Aus seiner tierverwandten Entwicklungsgeschichte hat der Mensch schon den Zugang zu gewissen veränderten Bewusstseinszuständen mitgebracht, zum Beispiel den Schlaf. Die Säugetiere schlafen – der Mensch schläft. Schlaf ist ein außerordentlicher, verwickelter Bewusstseinszustand. Viele Tiere haben die Fähigkeit, wenn sie angegriffen werden, das Bild des Todes vorzutäuschen. Man hat gemeint, es sei nur eine Sache des Rollenspiels, denn aus ihrer Erfahrung heraus wissen einige Tierarten, dass der angreifende Wolf oder Tiger tote Tiere nicht fressen würde. Es ist aber nicht ein Spielen von Rollen. Man hat herausgefunden, dass diese Tiere, wie zum Beispiel das Stinktier, tatsächlich einen Vorgang erleben, der ein veränderter Bewusstseinszustand ist – sie riechen sogar wie ein totes Tier. Zweifellos hat der frühe Mensch im Laufe seiner Entwicklung ähnliche veränderte Bewusstseinszustände mit hineingenommen in sein Menschsein.

Zu diesem Zeitpunkt jedoch, an dem die Kunst in der Frühgeschichte des Menschen auftaucht, gesellt sich ihr meiner Meinung nach eine besondere Art von Bewusstseinszustand hinzu. Dieser besondere Bewusstseinszustand ist kein totales Wegdrehen wie etwa der simulierte Tod des Stinktiers, sondern ein veränderter Wachbewusstseinszustand, dessen verschiedene Arten heute unter dem Sammelbegriff »Trance« zusammengefasst werden. Von der Meditation über die Grof'sche Hyperventilation bis zur Technotrance der Jugendkultur läuft alles unter diesem Namen. Die Trance jedoch, die in Verbindung mit dem religiösen Erlebnisvermögen zum ersten Mal auftauchte, hat eine andere Qualität. Sie bescherte dem erwachenden Menschengeschlecht die Fähigkeit, die gewöhnliche Wirklichkeit willentlich zu verlassen und in die andere Wirklichkeit, die Wohnstätte der Geister, einzutreten. Zur Unterscheidung von anderen Trancezuständen bezeichnen wir diesen besonderen veränderten Wachzustand als die »*Ekstatische* Trance«. Die Ekstatische Trance wird in der ganzen Welt durch rhythmische Anregung herbeigeführt. Aus Laboruntersuchungen wissen wir, dass der Blutdruck absinkt und der Puls sich erhöht. Gleichzeitig ändert sich die Gehirntätigkeit in dem Sinne, dass Thetawellen auftreten, die von den Betawellen, die wir im gewöhnlichen Bewusstseinszustand aufweisen, sehr verschieden sind. Es ändert sich auch der Inhalt des Blutserums, Adrenalin und Cortisol sinken ab, und es erscheint das Opiat des Hirns, eine Familie von Verbindungen, die wir als Beta-Endorphine kennen (siehe Seite 46). Diese Art der Bewusstseinsveränderung ermöglicht es, dass wir in die andere Wirklichkeit eintreten, in den zweiten, den heiligen Teil der Wirklichkeit, in dem die Geister leben. Die Berührung mit diesem Teil der Wirklichkeit ist im echtesten Sinne das religiöse Erlebnis.

Zusammenfassend lässt sich sagen, dass der moderne Mensch in einem mächtigen Sprung vor etwa 100 000 Jahren eine Veränderung erlebt hat, die es ihm ermöglichte, einen körperlichen Zustand herbeizuführen, der die biologische Tür zur anderen Wirklichkeit öffnete und damit das Erleben des religiösen Umfelds einleitete. Erst damit wurde der Mensch zum »wahrhaften« Menschen, zum Homo sapiens.

Zugegebenermaßen ist dies natürlich eine Spekulation, die sich auf verhältnismäßig wenige Daten stützt. Es gibt aber eine interessante Möglichkeit, diesen Gedankengang von der Mythologie her zu belegen. Im Verlauf der letzten hundert Jahre haben amerikanische Kulturanthropologen eine große Anzahl von Mythen der amerikanischen Ureinwohner aufgezeichnet, die davon handeln, wie der Mensch entstanden und erschienen ist. Verallgemeinernd kann man das Bild etwa folgendermaßen zusammenfassen: Undifferenzierte Wesen lebten einst im tiefen Untergrund. In manchen Mythen werden sie mit Insekten verglichen, oder es wird gesagt, sie seien sowohl tierisch wie auch pflanzlich und geistartig gewesen. Diese Wesen haben sich vermehrt und sind dann zu einer weiteren Stufe aufgestiegen, in der sie schon vermehrt menschliche Eigenschaften hatten. Danach kam noch eine Stufe, die in den Mythen als die »dritte Welt« bezeichnet wird. Hier handelte es sich schon um Menschen. Diese steigen nun auf in die jetzige vierte Welt, entweder durch ein hohles Rohr, durch einen hohlen Baum oder durch eine Lücke in der Erde. Dann wird in den Mythen allgemein gesagt: »Dies waren nun die wahren Menschen!«

Die Anthropologen haben das immer in dem Sinne ausgelegt, dass der Mythenerzähler meine, dies seien nun die Indianer, andere Menschen seien keine »wahren« Menschen. Meiner Ansicht nach stimmt das nicht. Ich glaube, was der Mythos hier aussagt, ist das überlieferte Geheimnis, dass das Wesen, welches wir heute den »modernen Menschen« nennen, sich über viele Stufen hinweg entwickelt hat. In einer letzten Stufe sei er dann aufgestiegen in die jetzige vierte Welt, aber nun als »wahrer« Mensch, das heißt mit der Fähigkeit, in beiden Teilen der Wirklichkeit daheim zu sein.

Völlig überraschend decken sich hier das wissenschaftliche und mythologische Weltbild.

Durch das »Tor des Regenbogens« tritt nun dieser neue Mensch als Jäger vor etwa 100 000 Jahren in ein märchenhaft schillerndes, reiches Leben ein. Wir wissen von diesem Reichtum sowohl aus archäologischen Funden wie auch aus Beobachtungen an Jägerstämmen, die es noch heute gibt.

Die andere Wirklichkeit ist für die Jäger ein Fundort des Wissens – man tritt in sie ein, um zum Beispiel neue Heilpflanzen zu finden oder um eine verirrte Seele zu suchen. Man nutzt die veränderte Bewusstseinslage, die Ekstase, dazu, um sich und andere Stammesmitglieder zu heilen oder gesund zu erhalten, wie es heute noch bei dem Volk der Kung der Kalahariwüste üblich ist. Man kann die Geister sogar sichtbar machen. Im frühen 19. Jahrhundert berichtete ein Pelzhändler aus dem heutigen Kanada von einem sich schüttelnden Zelt, in dem die Geister plötzlich zu sprechen anfingen. Es wird ihm erlaubt, auch hineinzukriechen. Da sieht er die Geister im oberen Teil des Zeltes als kleine, silbern sprühende Kugeln.

Auch aus der Frühgeschichte Europas haben wir Kunde von mächtigen Visionen – man denke nur an die Darstellung der Tierherden in der Höhle von Chauvet. Sicherlich war der Meister, der diese Höhlenmalerei ausgeführt hat, derjenige, der sich im Wisentkostüm die Tiere anschaute.

In der Kultur der Jäger und Sammlerinnen werden unglaublich anspruchsvolle Seelenreisen unternommen. Peter Freuchen berichtet in seinem Buch über die »Eskimos« von einem Schamanen der Inuit (Freuchen 1961), der durch die Felsen zum Meeresgrund reist, um die Robbenmutter zu befragen, warum es bei ihnen in Thule in der Nähe des Nordpols plötzlich so viele Unfälle gibt. Die Schamanen der Tungus oder Ewenki haben mächtige, heilende Tänze, in denen sie den Krankheitsgeist aus dem Körper des Befallenen locken und in einen aus Holz geschnitzten Tierleib bannen. Der Krankheitsgeist wird dann im Tierleib in die Tiefe der Unterwelt geschleudert.

Die gewöhnliche und die andere Wirklichkeit der Jäger sind oft in zauberhafter Weise miteinander verquickt: Man befindet sich allein in der Einöde, und plötzlich steht ein Geistwesen vor einem, von dem man ein Geschenk bekommt, vielleicht ein Ersatz für zerschlissene Mokassins oder ein besonderes Heilritual.

Davon, wie die Ekstatische Trance in allen diesen Fällen herbeigeführt wurde, wissen wir fast nichts. Psychoaktive Pflanzen mögen dabei eine Rolle gespielt haben. Schon in der Altsteinzeit gibt es Abbildungen des Fliegenpilzes. Freuchen erzählt, der Inuit-Schamane habe vor der großen Seelenreise mehrere Tage in der Wildnis verbracht und öfter an seinen Exkrementen gerochen. Was war sein Geheimnis? Es hat ihn niemand danach gefragt. Rhythmische Anregung hat auch eine Rolle gespielt, aber eben nicht immer.

Und schließlich sind uns aus der Zeit der Jäger und Jägerinnen verschiedene Rituelle Körperhaltungen überliefert. Die älteste uns bekannte ist die der »Frau vom Galgenberg« (Österreich), die 30 000 Jahre v. u. Z. als kleine Statuette geschaffen wurde. Ihre Haltung ist eine anspruchsvolle – körperlich recht anstrengende, in der wir durch den gesamten Kosmos fahren: durch die untere Welt, die mittlere Welt, die obere Welt und das Reich der Toten. In dieser Trancehaltung ist der Schamane auch in der Lage, bis in die Regionen abstrakter Formationen zu reisen. Häufig ist es sogar seine Aufgabe, die von den Menschen beschädigten kosmischen Muster wieder in Ordnung zu bringen. Ungefähr 17 000 Jahre v. u. Z. erschien in den Jäger-, Jägerinnen- und Sammlerinnenkulturen keimhaft ein neuer Kulturgedanke. (Archäologische Funde beweisen jetzt, dass Frauen und Kinder mit Netzen Kleintiere gefangen und somit maßgeblich den Stamm mit Fleisch versorgt haben. Die Erlegung von Großwild durch keulenschwingende oder speerwerfende Männer war die Ausnahme.) In ökologisch geeigneten Gebieten legten die Frauen kleine Gärten an und züchteten Zusatznahrung. Mit ihrem Auftreten erscheinen zahlreiche Darstellungen von Rituellen Körperhaltungen in unendlicher Wiederholung.

Kehren wir nun zurück zu unserer ersten Frage: Warum fühlen wir uns gedrängt, immer neue Haltungen zu erforschen? Lassen Sie uns noch einmal zu den Jägern und Jägerinnen zurückkehren. Das sich uns darstellende Bild ist äußerst lückenhaft. Die sogenannten zivilisierten Menschen europäischer Abstammung haben die Jägerstämme oft nicht einmal als Menschen betrachtet, haben sie vertrieben, gemordet, ausgerottet. Das Netzwerk ihres religiösen Lebens ist zerfleddert, wir können es nicht nachvollziehen. Zu den Gartenbauern haben wir über die Rituellen Körperhaltungen ein ganz anderes Verhältnis. Wir erahnen die Ganzheit ihres Netzwerks, und mit jeder neuen Haltung vervollkommnet sich das Bild. Wir weben am Leben der anderen Wirklichkeit.

Die Antwort auf unsere zweite Frage nach dem Beweggrund der ständigen Wiederholung des ekstatischen Erlebnisses ergibt sich nun von selbst. In der Ekstase erleben wir stets von neuem die flutenden Energien des magischen Netzwerks der anderen Wirklichkeit.

Gleichzeitig überwinden wir mit dem Erleben der Ekstase auch das Erbe des Ackerbaus, der uns so lange geknechtet hat. Die Tür zum Paradies ist wieder offen.

Was macht eine Körperhaltung zu einer rituellen?
Zur Erforschung der Rituellen Körperhaltungen

Seit über vierzig Jahren werden die Rituellen Körperhaltungen erforscht und praktiziert. Wie bei allen Forschungen ist es auch hier wichtig, immer wieder mit dem im Erleben der Trancehaltungen veränderten Blick und den aktuellen Einsichten aus Archäologie und Anthropologie nicht nur die neu zu erforschenden, sondern auch die lang vertrauten Körperhaltungen zu betrachten.

Die von Felicitas Goodman und ihren Mitarbeiterinnen untersuchten Rituellen Körperhaltungen entstammen überwiegend aus frühen, von schamanischer Weltsicht geprägten Kulturen. Diese Weltsicht geht aus von dem Kernwissen:

Alles, was ist, hat einen Geist.

Deshalb ist es möglich, mit dem Geist von »etwas« in Verbindung zu treten und die Geschicke des Lebens mit Hilfe der Geistwesen zu beeinflussen. Das kosmische Gefüge in allen schamanischen Kulturen ist in drei Welten eingeteilt mit unterschiedlichen Zuordnungen. Doch immer ist die Welt der Menschen mit der Welt der Geistwesen und Ahnen verbunden. Ein »Spezialist« mit besonderer Fähigkeit zum »Sehen« und »Heilen« ist der Vermittler zwischen den verschiedenen Welten, er ist der geistige und soziale Stützpfeiler der Gemeinschaft.

Die Interpretationen, mit denen wir die geistigen Weltsichten früherer Kulturen belegen, entspringen unserem heutigen Wissen und Denken. In welcher Beziehung zu Naturerscheinungen, Elementen, Tieren und Pflanzen, Gestirnen, Geistern und Gottheiten die Menschen damals »wirklich« gestanden haben, wie sie diese Beziehungen »wirklich« gelebt haben – das kann kein Knochen und auch keine Grabbeigabe beweisen. So sind wir auf kreative Vermutungen angewiesen, die sich auf archäologische Funde und Vergleiche mit erforschten Stammeskulturen der letzten 150 Jahre stützen, denn erst Mitte des 19. Jahrhunderts entwickelte sich die Archäologie zunehmend zur Wissenschaft.

»Experimentelle Archäologie« wird die Interpretationsüberprüfung in rekonstruierter Situation genannt.

»Spirituelle Archäologie« hat Felicitas Goodman den Weg genannt, durch das Erleben in der Trance etwas vom Geist der Kultur zu erspüren, in der die Menschenabbildung gefertigt wurde, die als Rituelle Körperhaltung nachgestellt wird. Häufig werden beim erstmaligen Erproben einer Körperhaltung Informationen erfahren und Einblicke geöffnet in die Kultur, Rituale und Weltsicht der Gesellschaft, aus der die Figur stammt. Diese kulturellen Einblicke werden seltener, je öfter die Haltung praktiziert wird. Es macht den Eindruck, als ob die Haltung, wenn sie oft als Trancehaltung eingenommen wird, Informationen aus unserem heutigen geistigen Feld in sich aufnimmt und sie sich in das Erleben in der Trance einbinden.

Die Erforschung von Körperhaltungen, die aufgrund der besonderen Haltung des Körpers in die Erfahrung einer Ekstatischen Trance führen könnten, sollte nur in einer Gruppe mit sehr erfahrenen Teilnehmern und Teilnehmerinnen geschehen. Diese sollten anhand profunder eigener Erfahrungen mit den Rituellen Körperhaltungen in der Lage sein, ohne persönliche Anliegen in den Trancezustand zu gehen und Vision von Fantasie zu unterscheiden.

Es kann bei der Erforschung oft zu völlig überraschenden und nicht voraussehbaren Ergebnissen kommen, und nur der vergleichende Erfahrungsaustausch kann zum Erkennen eines Erfahrungsmittelpunktes der jeweiligen Haltung führen.

Wir beziehen uns hierbei hauptsächlich auf den wissenschaftlichen und spirituellen Ansatz von Felicitas Goodmans Forschungsarbeit. Der Kern dieser Forschungsarbeit ist der Bezug der aufgefundenen Abbildungen von Körperhaltungen zu ihrem kulturhistorischen Zusammenhang.

In den letzten vierzig Jahren der Arbeit mit Rituellen Körperhaltungen haben sich einige Anhaltspunkte zur Bestimmung einer Körperhaltung als eine in den Zustand einer Trance führende Rituelle Körperhaltung herausgeschält:

– Die von Felicitas Goodman wiederentdeckte Methode bezieht sich von ihrem Ansatz her nur auf abgebildete Körperhaltungen aus Kulturen, die aller Wahrscheinlichkeit nach in dem geistigen

Feld der Verbundenheit mit beseelter Natur, der Wirklichkeit von Geistwesen und dem Wissen um einen mütterlichen Urgrund allen Lebens ohne Hölle und Strafgericht lebten – Kriterien, die wir heute dem Begriff »Schamanismus« zuordnen. Diejenige Gesellschaftsform, die zu der Zeit der Erschaffung der Abbildung existierte, ist maßgeblich dafür, ob es eine Rituelle Körperhaltung in dem so beschriebenen Sinne ist. Doch das Alter der Figur erzählt nichts davon, wie lange Zeit das Wissen um die Wirkung dieser Haltung bei den Menschen schon vorhanden war. So wichtig es auch ist, sich über die Kultur zu informieren, aus der eine Körperhaltung stammt: Die Methode der Rituellen Körperhaltungen ist keine »Altertumskonserve«.

– Auch wenn hinter den Abbildungen der Maria oder anderer Heiliger aus dem Christentum oder anderen Religionen wesentlich ältere, vorchristliche Zuordnungen stehen (wie zum Beispiel Erdmutter, Himmelsfrau oder Göttin), ist es eine Frage der Achtung der Glaubenszusammenhänge, aus denen uns Statuen etwa von Heiligen, Gottheiten und Weisen überliefert sind. Hinter allen Abbildungen in spirituellem Zusammenhang liegen die frühen Wurzeln der das Menschenleben durch seine Geschichte hindurch begleitenden Werte, Ängste und Sehnsüchte. Sie wurden und werden in sehr unterschiedlichen sozialen, religiösen, gesellschaftlichen Systemen gelebt und ausgedrückt. Die Beschränkung auf das Feld »Schamanismus, Naturverbundenheit, beseelte Natur, Leben im Kreis und nicht als auf einen Gott bezogene Herrschaftsform« ist von Felicitas Goodman bewusst gewählt. Jede Beschränkung hat Schwächen und Grenzen, impliziert aber auch eine Konzentration auf bestimmte, angestrebte Qualitäten und Erfahrungen. Will ich den Geschmack einer Birne erfahren, ist es dafür notwendig, in eine Birne zu beißen und nicht in einen Apfel ...

– Anlehnend an Felicitas' Forschungsarbeit, muss bei einer Rituellen Körperhaltung vor allem erkennbar sein, wie Kopf und Arme gehalten werden und wie die Stellung der Beine ist. Ist bei der Vorlage zur Körperhaltung die Stellung der Körperteile nicht klar auszumachen, führt mehrfaches Erproben der Haltung mit unterschiedlicher Stellung von Kopf, Händen, Armen und Beinen fast immer zu einer Aussage darüber, wie die Körperhaltung eingenommen werden muss, um in ein intensives Tranceerleben zu gelangen.

Die Rituellen Körperhaltungen sind kein starres Schubladensystem und bergen keine Erlebnisautomatik in sich. Immer wieder offenbaren sich uns auch in lang vertrauten Haltungen die Bereiche der anderen Wirklichkeit aus veränderten Blickwinkeln, mit veränderten Einsichten.

Es ist nicht so, dass eine Haltung immer ein bestimmtes Erlebnis ermöglicht und dieses Erlebnis immer das gleiche bleibt. Jede Trancehaltung enthält zwar markante, diese Haltung kennzeichnende Erfahrungsschwerpunkte, doch von diesen Punkten können vielfältige »Erlebnisstrahlen« ausgehen. Deshalb erforschen die Menschen im Netzwerk des Felicitas-Goodman-Instituts auch sogenannte »altbekannte« Haltungen mit neuem Blick. Einige der so »neu« erforschten Haltungen sind in diesem Buch zu finden. Dazu gehört zum Beispiel, dass die Bezeichnung »Venus« für die Frauenstatuetten der Altsteinzeit nicht mehr verwendet wird. »Venus« ist ein mit einer bestimmten Bedeutung belegter Begriff der Kultur-Antike und taucht zuerst als namensgebende Mutter der venezianischen Stämme der Adria auf.

Auch wenn unser Wissen über typische Merkmale einer Trancehaltung uns ein brauchbares Repertoire an Beurteilungskriterien liefert, führt nur eine aufmerksame und gewissenhafte Erprobung zu einem verlässlichen Ergebnis. Es geht den forschenden Menschen im Felicitas-Goodman-Institut aber nicht darum, möglichst viele Trancehaltungen zu sammeln. Jede der erforschten Rituellen Körperhaltungen birgt in sich eine Vielfältigkeit von Qualitäten und Informationen. In die Tiefe dieses mit allen Möglichkeiten an Seinsformen und -wegen so reich gefüllten Informationsfeldes taucht man erst nach mehrfachem Erfahren der Haltung ein.

Es ist erstaunlich und immer wieder überraschend, wie unterschiedlich die Erfahrung in ein und derselben Haltung sein kann – je nachdem, mit welcher Absicht die Haltung eingenommen wird und in welcher Befindlichkeit man ist. Das Spektrum der Erlebensmöglichkeiten ist weit!

»Rituelle Körperhaltungen als geistiger Weg der Erkenntnis« ist eine intuitive, sinnenfreudige Methode, eine Tür, die den Zugang zu schamanischen Bewusstseinswelten ermöglichen kann. Durch das Praktizieren der Rituellen Körperhaltungen in unserer heutigen Welt bereichern, stärken und weiten wir nicht nur unser eigenes geistiges Feld, wir geben durch die in der Trance erfahrene innere Berührung unsere Geistschwingungen zurück in das Bewusstseinsfeld. Wie auch immer sie ursprünglich angewendet wurden, wenn wir sie heute bewusst als ein spirituelles Ritual einsetzen, dann können sie zu freischwingenden geistigen Brücken zwischen Welten und Kulturen werden.

Durch den heilsamen Wandel zur eigenen »Ganzheit« hin, den diese Erfahrungen in jeder Frau, jedem Mann anregen können, kann sich auch die alltägliche Lebenswirklichkeit in unserer Lebensgemeinschaft wandeln und bewussten, achtsamen Umgang mit allen Wesen und Erscheinungen der Natur zum Wachstum bewirken.

Ein Bär ist ein Bär – oder ist er mehr?
Zur Interpretation der Trance

»Ich zweifle nicht, dass innere Räume ihr Inneres haben und dass äußere Räume ihr Äußeres haben und dass die Sehkraft noch eine andere Sehkraft hat und das Gehör noch ein anderes Gehör und die Stimme eine andere Stimme.«

Walt Whitman

In der Arbeit mit den Rituellen Körperhaltungen wird das Erleben in der Trance von den Seminarleiterinnen nicht psychologisch interpretiert. Eine Ausnahme ist das Einsetzen der Rituellen Körperhaltungen in einem therapeutischen Setting. Ansonsten gilt: Das, was in der Trance erfahren wird, ist kein Symbol für etwas. Es ist das, als was es erscheint: Ein Bär ist ein Bär, ein Vogel ist ein Vogel, ein Baum ist ein Baum.

Aber: Jede in der Wachtrance erfahrene Wahrnehmung – sei es Form, Gestalt, Klang, Geruch, Empfindung – vermittelt eine Information, die hinter dem liegt, was erscheint.

»Wir leiden unter Mangel an Wahrnehmung, nicht unter Mangel an Möglichkeiten.« Gisela Rohmert

Die Information zu »lesen« und zu deuten bedarf der Arbeit derjenigen, die sie wahrgenommen haben. Wenn zehn Personen im Erleben der Trance einen Bären gesehen haben, ist es mit Gewissheit so, dass der Bär zehn voneinander verschiedene Informationen vermittelt hat, den Belangen jeder einzelnen Person entsprechend. Es ist auch so, dass wir je nach unserem kulturellen Hintergrund den erfahrenen »Dingen« – Farben, Klängen, Landschaften – bestimmte Zuordnungen an Qualitäten geben. Gewachsen aus Naturbeobachtung, Mythen und Glaubensvorstellungen, hat besonders die Begegnung mit Tieren in Trancezuständen für uns immer noch eine bedeutungsvolle und stark berührende Kraft. Schlangen und Vögel durchstreifen auffällig oft das Tranceerleben in den Rituellen Körperhaltungen. Sie sind die in allen Kulturen vorrangig anzutreffenden geistigen Informationsträger, die Welten und Bewusstseinsräume durchdringen und verbinden.

Ob das Erleben in der willentlich herbeigeführten Trance einer Erinnerung an ein »vorheriges« Leben zugeordnet wird, ist der erfahrenden Person überlassen. Welche Bedeutung auch immer dem eigenen Erleben gegeben wird: Es ist weise, dem Erlebten in sich mit Ruhe nachzuspüren, ohne durch die Interpretationen anderer das Erleben verändern zu lassen oder die Auslegungen eines anderen als »richtiger« anzusehen denn die eigene Empfindung.

Es ist ein häufig eintretendes Erlebnis in der Trance, sich selbst von »außen« zu sehen. Das besagt nicht, dass der eigene Körper in der Weise verlassen wurde, dass man sich sorgen müsste, nicht wieder »zurück«zukommen. Es besagt lediglich, dass eine andere Sichtweise eingenommen wurde, die nicht an die körperlichen Funktionen gebunden ist.

Wiederholt und absichtlich in den Zustand einer Trance zu gehen und sich in das Bewusstseinsfeld einzuweben, verändert Menschen längerfristig nicht nur aufgrund biochemischer und neurophysiologischer Körpervorgänge. Die Erfahrung im Zustand der absichtlichen Trance über Sinne und Geist, als »Teil« eines »Ganzen« eingebunden zu sein in die kreative Weite des schöpferischen Bewusstseinsfeldes, bleibt nicht ohne Auswirkung auf die Entfaltung des eigenen Wesens. Diese Erfahrung fließt in die »Alltagswelt« ein, wirkt verändernd auf Denken und Handeln. Sie führt zu einem bewussten Umgang mit Mensch und Umwelt vor dem Hintergrund des Wissens um die Vernetzung alles Lebendigen.

Menschen aller Zeiten und Kulturen haben Wege gesucht und gefunden, ihren Zugang zu den Bewusstseinsfeldern zu finden, zu erweitern und zu stärken, um heilsame Erkenntnis zu erlangen und das Leben der Einzelnen und der Gemeinschaft immer wieder neu in den Zustand der Ausgewogenheit zu bringen.

»Weit sehe ich, weit – die Welten alle«: Dieser Vers der Seherin im Eröffnungsgedicht der *Edda* weist darauf hin, wobei es in der Erfahrung in einem veränderten Bewusstseinszustand geht: eine nicht an Materie, nicht Erscheinungsformen, nicht an Zeit und Raum gebundene Wahrnehmung von dem, was ist.

Trance und Gehirnwellen

»Es reicht meines Erachtens, die einzelnen Schritte des
Tranceprozesses zu kennen; das ist letztendlich wichtiger
als theoretisch unsichere Definitionen, die nur dem wissenschaftlichen Bedürfnis gerecht werden.«

Amélie Schenk

Hypnose, Meditation, Trance – Eine Untersuchung der Wachheit und Bewusstseinssteuerung

»Ein Bewusstseinszustand ist etwas Dynamisches.
In Einzelheiten verändert er sich ständig, wobei das
übergreifende Muster aber immer erkennbar bleibt …
Ein Bewusstseinszustand ist dann ein ›veränderter
Bewusstseinszustand‹, wenn er sich deutlich von
einem Normalzustand unterscheidet.« Charles T. Tart

»Das Klappern der Tastatur einer Schreibmaschine sagt nichts aus über den Inhalt dessen, was geschrieben wird« ist ein Vergleich, der sehr treffend die kritisch hinterfragende Einstellung gegenüber Gehirnmessungen und der daraus folgenden Schlüsse beschreibt.

Wenn wir unbewusste und bewusste Zustände auf reine Gehirnaktivitäten reduzieren, wie es in der Neurowissenschaft geschieht, gehen wir an der Wirklichkeit des Erlebens vorbei. Der Erlebnisinhalt subjektiver Bewusstseinszustände kann mit keinem EEG oder den bildgebenden Verfahren gemessen oder gesehen werden. Doch niemand wird deshalb abstreiten, dass es veränderte Bewusstseinszustände gibt und dass diese auch gemessen werden können.

Die verschiedenen Messmethoden zeigen, dass sich subjektive Beschreibungen von Erlebnissen mit Gehirnaktivitäten verknüpfen lassen. Doch es muss betont werden, dass die unterschiedlichen Gehirnzustände in der Hypnose, in der Meditation und in der Trance keine Bewusstseinszustände sind, sondern nur mit diesen korrelieren. Das könnte bedeuten, dass die Methoden, die veränderte Bewusstseinszustände bewirken, durch die starke Gleichschwingung in bestimmten Gehirnarealen den Kontakt mit dem Bewusstseinsfeld ermöglichen – gewissermaßen die Öffnung und Aufnahmefähigkeit für außergewöhnliche Erlebnisse. So schwingen die im Zustand eines veränderten Bewusstseins auftretenden Gamma-Wellen in ähnlichen Frequenzen wie elektromagnetische Schwingungen. Es könnte also durchaus sein, dass wir durch die Schwingungszustände der Gamma-Wellen mit dem weiteren Schwingungsfeld auch außerhalb des Gehirns verbunden sind.

Was letztendlich »wirklich« in den vielfältigen und vielschichtigen veränderten Wahrnehmungszuständen geschieht, welche Erfahrung ein Mensch in diesem Zustand hat, ist jedoch durch keine noch so feine Untersuchungsweise zu entschlüsseln.

Es entspricht unserer westlich geprägten Denk- und Verstehensart, zu Vorgängen und Erscheinungen mehr Zugang und Vertrauen zu haben, wenn sie »wissenschaftlich« erklärbar sind. Wenn messbare Untersuchungsverfahren helfen, Menschen das Geschenk der Erfahrung der Unbegrenztheit von Sein, Zeit und Raum im schöpferischen Bewusstseinsfeld erleben zu lassen – dann ist jede wissenschaftliche Untersuchung ein Baustein der Brücke zu den Welten des Bewusstseins.

Prof. Dr. Giselher Guttmann von der Psychologischen Fakultät der Universität Wien führte im Jahr 1990 eine sehr aufschlussreiche Untersuchung über die Wirkung der rhythmisch angeregten Trance auf das Gehirn durch. Er verwendete kein übliches EEG, sondern maß die Gehirnelektrizität. Dabei ging er davon aus, dass das Gehirn nicht nur Spannungsschwankungen produziert; es ist auch – einer Batterie vergleichbar – elektrisch aufgeladen, da von seiner Oberfläche gegenüber einem »Neutralpunkt« ein elektronegatives Potenzial abgeleitet werden kann, das über lange Zeiträume hinweg relativ konstant bleibt. Daher wählte man die – nicht ganz korrekte – Bezeichnung Gleichspannungs- oder »DC-Potenzial« (vom englischen Begriff *direct current* abgeleitet).

Das DC-Potenzial ist ein höchst verlässlicher Kennwert der Erregbarkeit und Wachheit einer bestimmten Großhirnrindenzone.

___Hypnose

Prof. Dr. Guttmann hat drei Techniken mit seiner Messmethode untersucht: Hypnose, Meditation und Ekstatische Trance.

Der Begriff der »hypnotischen Trance« ist in der Fachliteratur und in Seminarangeboten zu finden, doch eine Hypnose ist keine Trance. Hypnose unterscheidet sich nicht nur in den gemessenen Gehirnaktivitäten grundlegend von einer Trance, sondern auch im Setting und in der fehlenden Bezogenheit auf ein geistiges Feld.

Die Hypnose hat trotz ihrer Wortherkunft aus dem Altgriechischen (*hýpnos* ist der Schlaf) nicht das Geringste mit einem Schlafzustand zu tun. Nach den Forschungen von Prof. Dr. Guttmann handelt sich bei der Hypnose vielmehr um einen entspannten Wachzustand, dessen Besonderheit durch die extrem eingeengte und auf wenige Inhalte ausgerichtete Aufmerksamkeit gekennzeichnet ist. Die elektronegative Aufladung der Großhirnrinde verändert sich in Hypnose nicht signifikant gegenüber dem normalen Wachzustand. Bei der Hypnose überwiegen Beta- und Alpha-Wellen, die auch im Normalzustand fluktuieren. Die Hypnose wird wirkungsvoll in therapeutischen und medizinischen Zusammenhängen eingesetzt.

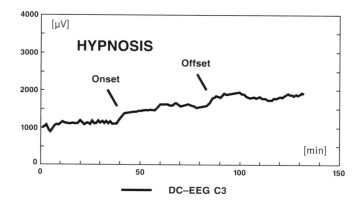

Meditation

Der häufig gestellte Frage, ob eine Meditation auch eine Trance sei, sind einige Gehirnforscher nachgegangen, unter ihnen Prof. Dr. Guttmann. Um Registrierungen des EEG-Wellenmusters während einer Meditation durchzuführen, braucht man Hirnforscher, die nicht nur über das nötige methodisch-technische Know-how verfügen, sondern sich auch für diese Fragestellung begeistern.

Beides gelang, vor allem in Japan, wo EEG-Registrierungen an Zen-Mönchen mit teilweise jahrzehntelanger Meditationserfahrung vorgenommen werden konnten. Einige dieser Studien konnten sogar während eines Seshins durchgeführt werden, das ist eine besonders intensive exerzitienartige Meditationsperiode.

Gleichwohl ist das Hauptergebnis aller bisher vorliegenden Studien ebenso einfach darstellbar wie enttäuschend: Keine dramatischen Veränderungen des EEG-Wellenmusters begleiten den Übergang vom normalen Wachzustand in die Meditation. Das Frequenzmuster zeigt keines der Zeichen, die für einen schlafähnlichen Zustand typisch sind. Es lässt aber auch keine merkliche Erhöhung der Aktiviertheit erkennen. Die gewaltigen Veränderungen, die sich zweifellos im Erleben der betreffenden Personen abspielen, sind offensichtlich nicht einfach Folge einer Veränderung der Erregbarkeit der Großhirnrinde. Es ist denkbar, dass während der tiefen Meditation ein »überbewusster« Zustand erfahren wird.

Sie sind vielmehr Ausdruck einer veränderten Form der Informationsverarbeitung des Gehirns, die sich auf einem ganz anderen, weit höheren Komplexitätsniveau abspielt und keine Auswirkungen auf das Frequenzmuster des Hirnstrombildes erkennen lässt. Es ist denkbar, dass während der tiefen Meditation ein »überbewusster« Zustand erfahren wird.

»Rituelle Körperhaltungen und Ekstatische Trance«

Nachdem Professor Dr. Guttmann selbst ein beeindruckendes Erleben in der Trance erfahren hatte, beschäftigte ihn die Frage, ob dieser besondere Bewusstseinszustand auch physiologische Eigenarten zeigt.

Im Jahr 1987 führte er im Labor der Wiener Universität die ersten Gleichspannungsregistrierungen nach einer Tranceinduktion durch

Rhythmus und Körperhaltung durch. Einige seiner Versuchspersonen bescherten ihm tatsächlich unerwartete Überraschungen. Es zeigte sich, dass in der Trance eine ebenso gewaltige Verschiebung des DC-Potenzials auftrat wie beim Einschlafen – jedoch in entgegengesetzter Richtung. Es trat also eine Erhöhung der kortikalen Negativierung um einige tausend Mikrovolt auf.

Diese Potenzialverschiebung, die als Ausdruck eines überaktivierten Zustands zu deuten ist, wäre allein nicht allzu überraschend. Könnte doch die gespannte Haltung, verbunden mit der intensiven akustischen Stimulation, durchaus einen Zustand herbeiführen, der gewissermaßen »wacher als hellwach« sein mag.

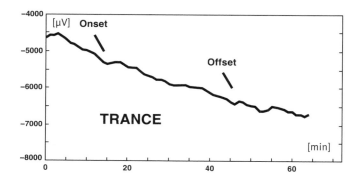

Das unerwartete Ergebnis war jedoch das Auftreten von langsamen Schwingungen (Theta-Wellen) im EEG, wie sie sonst nur aus tieferen Schlafstadien bekannt sind. Interessanterweise schienen solche Theta-Phasen gehäuft in Perioden aufzutreten, in denen die Personen, wie die anschließende Befragung ergab, besonders eindrucksvolle Inhalte erlebt hatten.

Die Auswirkung der Körperhaltung auf das Trancegeschehen wurde Dr. Guttmann bei einer Untersuchung über das Biofeedback-Training klar: Dr. Guttmann beobachtete, dass einige Versuchspersonen bewusst von einer Skelettmuskelspannung Gebrauch machten. Diese Probanden hatten im Laufe des Versuchs gemerkt, dass jede Anspannung zu einer Erhöhung des DC-Potenzials führte, jede Entspannung hingegen zu einer Senkung.

Die daraufhin durchgeführten Untersuchungen bestätigten diese Beobachtung und waren der erste Schritt zu einem Brückenschlag zwischen jahrtausendealten Erfahrungen und moderner Technologie: Die Skelettmuskelspannung ist ein überaus potenter Hebel zur Bewusstseinssteuerung. Ein gut trainierter Mensch vermag mit ihrer Hilfe enorme DC-Verschiebungen herbeizuführen, die mehrere Minuten andauern. Die dadurch erreichte Bewusstseinslage kann aber auch innerhalb von wenigen Sekunden wieder aufgehoben werden. Diese Untersuchung bestätigt die Erfahrung vieler Menschen während der Trance, dass eine bewusst verstärkte Spannung auf einen Körperteil oder dessen bewusste Entspannung das Geschehen in der Trance beeinflussen und verändern kann: Die Körperhaltung ist ein »Steuerungssystem«!

Die hirnelektrischen Analysen liefern also Hinweise darauf, dass die nach Felicitas Goodman induzierte Trance tatsächlich einen *Altered State of Consciousness* herbeizuführen vermag, der eine bemerkenswerte Kombination von Hochspannung und Entspannung zu sein scheint. Dr. Guttmann hat später in englischsprachigen Publikationen für diese »entspannte Hochspannung« den Begriff *Paradoxial Arousal* eingeführt und gefordert, dass der Begriff »Trance« künftig mit größerer Sorgfalt verwendet und keinesfalls synonym auch auf den in Hypnose erreichten Bewusstseinszustand angewendet werden darf.

Brainmapping von Trancezuständen im rituellen Setting

Untersuchung von Sabine Rittner und Jörg Fachner
zusammengefasst von Sabine Rittner

> *»Der Klang selbst trägt in sich die Macht der Erfahrung und Verwirklichung. Es ist ein Klang, der den Menschen sehen lässt!«*
>
> Sri Aurobindo

Die Musikpsychotherapeutin Sabine Rittner von der Universitätsklinik Heidelberg und der EEG-Spezialist Dr. Jörg Fachner von der Universität Witten/Herdecke erforschten gemeinsam im Jahr 2003 in Heidelberg die Auswirkung von durch verschiedene Klänge ausgelösten Trancezuständen auf die im Gehirn erzeugten Wellen. Dazu holten sie die Laborgeräte gezielt in das natürliche Umfeld einer rituellen Gruppensitzung. Mit Hilfe eines 28-Kanal-EEG-Brainmappers untersuchten sie zwei Testpersonen sowohl mit einem Ganzkörper-Monochord (auf dem die Testpersonen im Ruhezustand und während der Klangphase lagen) und bei der Einnahme einer Rituellen Körperhaltung mit Rasselstimulation. Ausgewählt wurde hierfür die Körperhaltung »Der olmekische Prinz«.

Während sich das Monochord bei der männlichen Versuchsperson (Vp) erstaunlicherweise in einer frontalen Desynchronisierung (Beschleunigung der EEG-Wellen) mit deutlichem Zuwachs von Beta-II-Wellen (24 Hertz) äußerte (Kennzeichen für gesteigerte Wachheit), zeigte das EEG der weiblichen Vp eine Synchronisierung (Verlangsamung der EEG-Wellen) mit bedeutenden Änderungen in den visuellen und somatosensorischen Regionen des Gehirns (Kennzeichen für intensiviertes visionäres und kinästhetisches Erleben). Globale Alpha-Wellen-Änderungen deuten dabei bei der weiblichen Vp auf eine Umschaltung der Verarbeitung im Sinne einer trophotropen Trance (gedämpfter, ruhiger Zustand).

Beim Monochord und beim Rasseln mit Ritueller Körperhaltung fanden sich bei beiden Vp deutliche Beta-Anstiege (16 bis 30 Hertz), beim Rasseln mit Ritueller Körperhaltung zusätzlich Delta-Zunahmen (1 bis 3 Hertz; Kennzeichen für sehr tiefe Entspannung, die unter anderem körperliche Heilreaktionen und Gedächtnisprozesse unterstützt). Außerdem zeigte sich in dieser Phase bei beiden Vp ein frontal-zentraler Anstieg von Theta-Wellen (4 bis 7 Hertz; Kennzeichen für bildhaftes Erleben). Hochsignifikante Änderungen auf dem Beta-Band und gleichzeitige Theta-Zunahmen charakterisieren den Trancezustand beider Vp beim Rasseln mit Ritueller Körperhaltung. Möglicherweise äußert sich hier der von Prof. Dr. Guttmann aus Wien bereits 1990 entdeckte Zustand einer entspannten, gleichzeitig hyperwachen Wahrnehmungsbereitschaft (»entspannte Hochspannung«). Dieser Zustand scheint ein wesentliches Merkmal für die durch Rituelle Körperhaltungen mit Rasselstimulation ausgelösten Umschaltprozesse im Gehirn zu sein. Mit dieser Untersuchung konnte somit das von Guttmann im Labor gefundene Phänomen in einem der gängigen Praxis angemessenen rituellen Gruppensetting bestätigt werden.

Zu bedenken ist, dass es sich bei diesen Ergebnissen um Beschreibungen von in Trancezuständen gleichzeitig auftretenden Körperphänomenen handelt und daraus keineswegs Ursache-Wirkungs-Zusammenhänge gedeutet werden sollten.

Besessenheitstrance – Channeling

Eine Untersuchung von Dr. Felicitas D. Goodman (1998) und Prof. Dr. Kugler (1992)

Der Begriff »Besessenheitstrance« bezeichnet einen durch Tanz, Bewegungsmuster und Musik induzierten tiefen Trancezustand mit der Absicht, einer »Energie« aus den nichtsichtbaren Wirklichkeiten zu erlauben, dass sie den Körper des Mediums für die Dauer des Rituals für dessen »Arbeit« (Heilen, Wahrsagen, Beratung) benutzt. Welcher Art die »Energien«, »Wesen«, »Geister« aus den anderen Wirklichkeiten sind, ist abhängig von der spirituellen Wirklichkeit der jeweiligen Kultur.

Die rituelle Besessenheit in einem religiösen Kontext stellt ein gelerntes Verhalten dar. Nur selten kommt es zu einer unvorbereiteten Trance mit Besessenheitsphänomen. Im Trancezustand, in dem man sich für eine Besessenheit öffnet, handelt es sich nicht um den »Verlust« der eigenen Bewusstheit, sondern um einen veränderten Bewusstseinszustand. Während der Besessenheit wird das Medium zum Zuschauer und kann sich danach häufig nicht mehr oder nur schwach daran erinnern, was geschehen ist.

Fast alle Glaubenssysteme kennen Zustände der Besessenheit: Pfingstgemeinde, katholische Kirche, westafrikanischer Voodoo, haitianischer Vodun, brasilianischer Candomblé und Umbanda, okkulter Spiritismus, japanischer Shintoismus, Schamanentraditionen unter anderen in Zentral-Nepal und der Mongolei.

Durch das Ritual der Besessenheitstrance kann auf sozial anerkannte und in der Gemeinschaft verankerte Weise ausgedrückt werden, was nicht »in Ordnung« ist, und es werden Lösungsmöglichkeiten zur Heilung »der Ordnung« gezeigt.

Dr. Felicitas D. Goodman hat den neurophysiologischen Vorgang beim Channeling, einem Trancezustand, in dem Besessenheit auftritt, erstmals 1998 in den USA im Labor untersuchen lassen (Goodman et al. 1998).

Sie hat die Ergebnisse dieser Untersuchung mit den Ergebnissen der von Prof. Dr. Kugler in München durchgeführten Messungen während der Rituellen Körperhaltungen verglichen (Goodman 1992). Alle Messungen für das Channeling (CH) wurden sowohl für die Rituellen Körperhaltungen (RKH) vor, während und nach der Sitzung gemacht.

Kernaussagen dieser vergleichenden Untersuchung sind:

– Bei den RKH fällt der Blutdruck in der Mitte der Sitzung leicht ab, während er beim CH am Ende fällt.
– Der Puls fällt während der RKH radikal in der Mitte ab, bleibt beim CH im Allgemeinen gleich.
– Adrenalin und Noradrenalin fallen zwischen der ersten und zweiten Phase der Trance ab, während sie am Ende der CH-Erfahrung wesentlich ansteigen.
– Zum Ende der RKH gibt es eine moderate, angenehme Euphorie. Zum Ende des CH gibt es die Erfahrung einer Entzückung, dabei ist der Beta-Endorphin-Wert erhöhter als zu Beginn und in der Mitte der Messung.
– Beim Vergleich der Messungen wird deutlich, dass diese zwei Formen eines veränderten Bewusstseinszustands Ähnlichkeiten aufweisen, aber nicht identisch sind.

Neue EEG-Messungen im Rahmen des Forschungsprojekts »Well...come 21 – Grenzraum von Kunst und Wissenschaft«

Eine Untersuchung an der Hochschule für Bildende Künste Braunschweig in Kooperation mit naturwissenschaftlichen Instituten, zusammengefasst vom Leiter der Untersuchung Martin Schöne

Jede Wahrnehmung unserer Sinne und alle sonstigen Aktivitäten unseres Nervensystems wie bewusste oder unbewusste Entscheidungsprozesse, Denken, emotionale Zustände äußern sich in feinen elektrischen Impulsen, die die Nervenzellen aktivieren. Diese elektrischen Impulse sind mit EEG-Geräten messbar. Nur was sind Frequenzen und wie stellen wir sie dar? Heute stellt sich auch die Frage, ob diese myriadenhaften Impulse lediglich zur Modulation der Resonanzmuster dienen (Stichwort Synchronisation), die sie physikalisch zwingend und biologisch beobachtbar auslösen und die das eigentlich zusammenfassende Phänomen darstellen. Der Übergang zur Komplexität legt zudem nahe, den Fokus auf die Lesbarmachung der Zusammenhänge, auf das Bild vom Ganzen zu lenken. Die entstehenden Muster (Form!) könnten als Information ausreichen, um komplexe Aktivierungsmuster von Milliarden von Zellen zu dirigieren. Zu beobachten ist, dass vor (!) einem Synchronisationsprozess kurz ein Muster, ein Nebel durch das Gehirn huscht. Denkbar wäre: Die dreidimensionalen Resonanzbilder könnten als Form abgespeichert sein und so jedes Neuron über Aktivierungsart und -grad informieren und auf diese Weise eine hochkomplexe Zusammenarbeit schaffen. Frequenz und Form sind nicht mehr zu trennen; das heißt, im Gehirn läuft ein musterbildender Resonanzprozess ab. Körperhaltungen sind ein gutes Beispiel für Muster, die psychoaktiv wirken. Form könnte sich als unmittelbarer Ausgangspunkt und Modulator unserer neuronalen und dann sehr realen Handlungsfähigkeit entpuppen.

Seit Dezember 2002 messen wir mit EEG-Geräten spezielle Bewusstseinszustände. Es ging dabei um eine Visualisierung von Gehirnaktivität und deren Synchronisation, die 2004 realisiert werden konnte: die Erfindung des *Brain-Avatars*, der ersten analogen Visualisierung von Gehirnaktivität durch Resonanz in Wasser und speziellem Licht.

Beim Trance-Ritual mit dem 210er-Trommelrhythmus und der Körperhaltung war in Übereinstimmung mit anderen Messungen zu beobachten, dass es

– zu einem deutlichen Anstieg im hochfrequenten Beta-Bereich kommt, was eine erhebliche Wachheit bedeutet, sowie

- zu einer Verschiebung des elektrischen Potenzials, ähnlich dem Erwachen,
- dass gleichzeitig jedoch die niedrigfrequenten Delta- und besonders Theta-Wellen hochsignifikant ansteigen, was normalerweise in der Meditation oder im Schlaf geschieht.
- Doch vor allem stellt sich ein hohes Maß an Synchronisation ein, eine globale Modulation in den meisten Signalen zwischen rechts und links wie auch den verschiedenen Gehirnbereichen, was als ganzheitlicher Gehirnzustand interpretiert werden kann. Um mit inneren/äußeren Feldern in Resonanz zu geraten, ist dies wohl Voraussetzung und kann bei den verschiedensten Praktiken beobachtet werden (Yoga, Feldenkrais, verschiedene Meditationen, Massagen, Keimsilben und so weiter).

Sehr speziell für diese ethnogenen Körperhaltungen als Trancetechnik ist die ruhende Konzentration bei gleichzeitig maximaler Spannung/Amplitude und hochaktiver stressnaher Beta-Frequenz. Ich erkläre dies durch den hohen Synchronisationszustand – eine beobachtbare Mikrofrequenz auf allen Wellen. Der spezielle Zustand beginnt mit dem Trommeln, hört aber nicht auf mit dessen Ende. Das »Danach« ist daher wichtig und kann bis zu 20 Minuten dauern. Räuchern wie auch Rasseln beziehungsweise Trommeln erzielt nach wenigen Sekunden einen deutlich veränderten Zustand. Das Durcheinander legt sich, es schwingt sich ein. Interessant ist, dass die ruhige Körperhaltung die EEG-Signale viel intensiver und dichter werden lässt als das körperliche Rasseln zuvor.

Physiologische Auswirkungen im Zustand der Ekstatischen Trance

Rhythmus und Klang

Rhythmische Anregungen von 210 bis 230 bpm rufen einen veränderten Wachbewusstseinszustand hervor. Diese veränderte Wahrnehmung ermöglicht ein visionäres, erkennendes Erleben, an dem alle Sinne beteiligt sind. Nicht nur mit den Ohren nehmen wir Klang auf, sondern auch mit unseren Knochen. Neuesten Forschungen zufolge sollen auch Zellverbände einen eigenen Klang haben. Wissenschaftler vom Universitätsspital Zürich entdeckten 2008 bei der Untersuchung von Epilepsiekranken, dass sich beim Hören von rhythmischen und harmonischen Strukturen im linken Hippocampus eine »Pforte« zum Gedächtnis und zum Unbewussten öffnet, zum Index verborgener Erinnerungsspuren, zu Empfindung und Gefühl. Ohne die schnelle rhythmische Anregung kann keine Ekstatische Trance induziert werden.

Muskeln

Die Rituellen Körperhaltungen zeichnen sich aus durch ein Zusammenspiel von Anspannung und Entspannung der Muskeln. Jede der erforschten Körperhaltungen fokussiert die Aufmerksamkeit auf jeweils besondere Muskeln in Anspannung. Durch die Verstärkung der Anspannung der »besonders« gehaltenen Körperteile (zum Beispiel Hände) ist es möglich, die Tiefe und den Verlauf der Trance zu steuern.

Zunge

Es ist zu empfehlen, bei Beginn der Trance die Zunge oben an den Gaumen zu legen. Die Zunge ist mehr als nur eine Trägerin von Geschmacksknospen, auch sie ist ein sensorisch reich ausgestatteter Schwingungsempfänger. Die Zunge am Gaumen schließt den Energiekreislauf zwischen Körperrück- und -vorderseite, das führt zu einer Intensivierung des Energieflusses.

Hände

Hände spielen bei den Rituellen Körperhaltungen als Steuerungssystem eine große Rolle. In unseren Fingerspitzen endet ein feines, vielfältiges Netz von Nervenverbindungen. Werden die Hände zu Fäusten geformt, so kann das eine verstärkte Aufnahme der Lebensenergie Qi bewirken, auch das Erleben der Erhöhung von Geschwindigkeit und der Zunahme von Energie in der Trance. Werden die Finger der Hände gespreizt, fließt die »Welt« durch die Fingerzwischenräume in die Hände und trägt den Fokus nach außen. Werden die gestreckten Finger der Hände eng aneinandergelegt beziehungsweise eng aneinandergepresst, so wird der Fokus des Energieflusses auf die Person gelenkt.

Die leichte Wölbung der Hand mit geschlossenen Fingern und dem über die Handfläche geneigten Daumen wie bei einigen Haltungen aktiviert Herz und Kreislauf, fördert emotionale Stabilität und aktiviert die Fähigkeit, sich selbst zu schützen.

Herz/Kreislauf

Zu Beginn einer Ekstatischen Trance kommt es zu dem paradoxen Effekt, dass der Blutdruck absinkt, während der Pulsschlag sich erhöht – ein Zustand, der sonst nur bei extremen Belastungen oder bei starkem Blutverlust auftritt. Nach wenigen Minuten sinkt die Herzfrequenz dann meist deutlich unter den Ausgangswert.

Nebennieren/Blut

Die von der Nebenniere produzierten Stresshormone Adrenalin und Cortisol gehen im Blutserum während eines Tranceerlebens deutlich zurück. Oft sinkt zudem der Sauerstoffgehalt im Blut: eine wirkungsvolle Methode zum Stressabbau.

Gehirn

Beim Trancezustand nimmt die Hirnaktivität vor allem im Bereich der Sehrinde deutlich zu. Dadurch werden »Visionen« – Klänge, Farben, Einsichten, Erkenntnisse – bewusst. Gleichzeitig ist die Nerventätigkeit im Scheitellappen teilweise drastisch gedrosselt. In dieser Hirnregion entwirft der Mensch das Bild von sich selbst. Eine Dämpfung dieses Bereichs bewirkt, dass das Empfinden für innen und außen, für die Wahrnehmung und Begrenzung des Körpers schwindet. Die Aufmerksamkeit ist auf innere Vorgänge gerichtet. Das belegt unter anderem die starke Durchblutung in der rechten Gehirnhälfte, des Gyrus cinguli. Zusätzlich wird das limbische System stimuliert, in dem die Wahrnehmungen und Gedanken mit den Gefühlen verknüpft werden. Den Kopf weit in den Nacken zu legen, wie bei einigen Haltungen, aktiviert den Zugang zu den Teilen des Stammhirns, in dem die ältesten Informationen der natürlichen Evolution zugänglich werden können.

Hypophyse, Epiphyse und Thymusdrüse

Von der Hypophyse (Hirnanhangsdrüse) werden verstärkt Endorphine produziert. Diese körpereigenen Opiate sorgen noch Stunden nach einer Trance für eine euphorische Stimmung.

Von der Epiphyse (Zirbeldrüse) wird DMT produziert, das visionäres Erleben fördert (Strassman 2004).

Bei einigen Haltungen werden die Hände auf die Thymusdrüse gelegt. Diese bewusste Berührung kann eine Aktivierung des Immunsystems bewirken.

Nervensystem

Trance aktiviert vor allem den Parasympathikus, jenen Teil des vegetativen Nervensystems, der zur Entspannung und Ruhe beiträgt.

Offenbar werden während der Ekstatischen Trance der Sympathikus und der Parasympathikus gleichzeitig aktiviert. Der Parasympathikus fördert den Zustand von Ruhe und Entspannung, er spielt auch eine sehr wichtige Rolle in der Sexualfunktion. In dem Erleben während der Ekstatischen Trance löst sich erfahrungsgemäß viel affektiv und emotional Gestautes. Auf diesen Erfahrungshintergrund bezogen, ist es sehr interessant, dass der Parasympathikus durch Affekte und Emotionen aktiviert wird.

Die starke parasympathische Aktivierung führt zur Herabsetzung des Blutdrucks während der Ekstatischen Trance. Wird der Parasympathikus zu stark erregt, kann vorübergehend Übelkeit ausgelöst werden. Ein Zustand, der während oder nach der Trance kurzzeitig auftreten kann.

Zugleich ist die Ekstatische Trance zweifelsfrei auch ein »positiver Stresszustand«, der für die Leistungsfähigkeit des Menschen förderlich ist. Die Aktivierung des Sympathikus während der Trance steigert die Herzleistung und führt somit zu einer Beschleunigung des Pulses. Gleichzeitig wird auch die Durchblutung von Muskeln und Haut angeregt. Damit einhergehend werden körpereigene Opiate ausgeschüttet, die Beta-Endorphine. Die biochemische Wirkung der Endorphine ist eine der Ursachen, die es ermöglichen, in der Trance ein Gefühl intensiver Freude, Lust und Euphorie zu erfahren. Dieses Gefühl der »Süße«, einer tiefen und bewussten Lebensfreude, kann noch für eine längere Zeit nach der Trance anhalten.

Die Praxis der
Rituellen Körperhaltungen

Es soll sich regen, schaffend handeln,
Erst sich gestalten, dann verwandeln;
Nur scheinbar steht's Momente still.

Johann Wolfgang von Goethe

Das Kernanliegen schamanischer Rituale

Aus Nana Nauwald: Feuerfrau und Windgesang, 2010

Heilsamer Wandel ist das Kernanliegen schamanischer Rituale.
Wandel ist Bewegung, Bewegung ist ein Prozess.
Bewusster Wandel ist heilsame Bewegung.

- Von Erstarrung zu Bewegung
- Von Unwissen zu Wissen
- Von Ungleichgewicht zum Gleichgewicht
- Von Ungeschütztheit zu Geschütztheit
- Von Kraftlosigkeit zu Stärke
- Von Eifersucht, Neid und Hass zu Liebe und Mitgefühl
- Von Angst zu Vertrauen
- Vom Tunnelblick zur Vision

Eigentlich ist es einfach, diesem allem Leben grundlegenden Bewegungs-Klang zu folgen, um möglichst oft im Zustand eines heilsamen Lebens zu sein.

Bewegungs-Klang ist etwas anderes als »Bewegung«. Bewegungs-Klang entfaltet sich aus der Bewegung im »Innen«, der Bewegung des Geistes.

Bewegung, die im »Außen« stattfindet, besagt nichts über einen Wandel im »Innen«, kann innere Starre sein, trotz perfekt getanzter Lebens-Schritte. Scheinbare Unbeweglichkeit des Körpers im »Außen«, wie beispielsweise in der Meditation, im Yoga, bei den Rituellen Körperhaltungen, kann in intensive, tiefste Bewegungen im Inneren führen, in wandelnden Bewegungs-Klang.

Das Unerwartete erwarten – Hinweise zur Praxis

Das Erfahren im Zustand der willentlich durch Rhythmus, Klang und Körperhaltung herbeigeführten Trance wird auch »Reisen« genannt. Doch die Methode der Rituellen Körperhaltungen unterscheidet sich grundlegend von geführten Imaginations- und Fantasiereisen oder Visualisierungen.

Dieser Weg, Erkenntnis aus den Bewusstseinswelten zu erlangen, macht uns unabhängig von einer vorgegebenen oder vorgestellten »Reiseroute« oder »-landschaft«. Ausgangspunkt für das »wirkliche« Erleben in der Trance ist nicht die Vorstellung von »etwas«, was aus dem Willensfeld der »Reiseleiter« entspringt. Die besten Voraussetzungen, um in einer exakt eingenommenen Rituellen Körperhaltung mit verändertem »Blick« in den Zustand von Erkenntnis zu gelangen, sind ein offener Geist und die innere Bereitschaft, sich mit allen Sinnen von Einsichten berühren zu lassen.

Das größte Hindernis für eine »wirkliche« Erfahrung in der Trance sind die Verhaftung in gewohnten Denk- und Erklärungsrastern sowie in Wertungen.

Über vierzig Jahre Erfahrungen mit der Methode der Rituellen Körperhaltungen haben gelehrt, dass es ratsam ist, den ersten Schritt in die »andere Wirklichkeit« nicht ohne geübte Begleitung zu unternehmen. Nur mit Hilfe dieser Buchanleitung und dem 210er-Rhythmus auf unserer CD allein den ersten Schritt zu gehen, birgt viele Stolpersteine in sich, die verunsichern und verzagen lassen können. Haben Sie bereits Erfahrungen in einer Gruppe gemacht, ist es danach wesentlich leichter, auch allein in die Erfahrung einer Trancehaltung zu gehen. Sich schon mit nur einem oder zwei Begleitern in das Ritual der Trance zu begeben, kann einen intensiveren energetischen Erfahrungsraum aufbauen, als es uns allein möglich ist.

Vor der Trance

Es ist empfehlenswert, sich nicht mit »vollem Bauch« in die Trance zu begeben und sich einen weiten Zeit-Raum zu gewähren.

Die ausgewählte Körperhaltung sollte vor dem Ritual zur Übung einmal eingenommen werden, um Haltungsfehler korrigieren zu können. Wer es allein versucht, übt die Haltung am besten vor dem Spiegel und vergleicht sie mit der Abbildung im Buch oder lässt sich von einem Partner beziehungsweise einer Partnerin anhand der Beschreibung und der Abbildung korrigieren.

Manche der Abbildungen von Haltungen scheinen nicht mit der beschriebenen Haltung übereinzustimmen. Das hat seinen Grund in der »künstlerischen Freiheit« bei der Darstellung eines Menschen. Die Proportionen eines lebenden Menschen stimmen selten überein mit den Proportionen der Statuen aus frühen Kulturen.

Eine der wenigen Voraussetzungen, über eine Rituelle Körperhaltung in den Zustand der Trance zu gelangen, ist, die Körperhaltung genau nach der Beschreibung durchzuführen. Jede Veränderung der Haltung kann zur Schwächung des Erlebens in der Trance führen, es verhindern oder in einen anderen als den durch die Haltung angestrebten »Raum« führen. Das ist zwar möglich, kann uns aber zu einem Erleben bringen, dessen Wirkung außerhalb unserer Erforschungsräume liegt.

Die Körperhaltung ist wie gesagt ein »Steuerungssystem«!

Ist es jemandem aufgrund einer körperlichen Einschränkung nicht möglich, die Haltung in der beschriebenen Weise auszuführen, gibt es immer Alternativen. Wichtig dabei ist, auf die Anspannungen im Körper zu achten, auf die in der Beschreibung der »Originalhaltung« hingewiesen wird. Die »Originalhaltung« sollte bei abweichender Stellung immer zu Beginn der Trance visualisiert werden, aber auch während der Trance, wenn das Erleben als zu schwach empfunden wird.

Zeigt die Abbildung der Haltung einen Mann oder eine Frau, spricht aus Erfahrung nichts dagegen, dass eine »Männerhaltung« auch von einer Frau durchgeführt werden kann – und umgekehrt.

Die Rituale zur Vorbereitung der Trance werden je nach Arbeitsweise der Ritualleiter unterschiedlich gestaltet. Sie zielen aber immer darauf ab, den Raum der »alltäglichen Wirklichkeit« bewusst abzugrenzen von den Räumen der »nichtalltäglichen« Bewusstseinswelten, die in der Trance betreten werden. Das Ritual macht diese Absicht sinnlich erfahrbar: sichtbar, hörbar, riechbar, innerlich berührend.

Die Arbeit mit den Rituellen Körperhaltungen braucht eine Zeit der Vorbereitung und eine Zeit der Nachbereitung. Das vorbereitende Ritual zur Trance dient der bewussten Verbindung mit den sichtbaren und nichtsichtbaren Kräften der Lebensenergien und hilfreicher, schützender Kräfte. Die Türen zu den »Anderswelten« werden geöffnet, die Türen zur Alltagswirklichkeit werden geschlossen. Für die Art und Weise der Gestaltung dieses Rituals gibt es keine »Vorschriften«. Die rituelle Reinigung mit dem Rauch getrockneter Pflanzen – zum Beispiel Salbei, Wacholder oder Beifuß – ist nicht nur in schamanischen Traditionen weltweit eine tief wirksame, zentrierende Vorbereitung auf ein Ritual, ebenso wie die rituelle Waschung mit Pflanzen oder Essenzen. Diese Art der Vorbereitung, der energetischen Reinigung, des Schutzes und der Trennung der Welten hat ihren festen Platz auch in den kleinen Gemeinschaften, die sich heute in unserer Kultur zusammenfinden, um heilsam wirkende Rituale in Verbindung mit dem Geist der Natur zu feiern.

»Rituale besitzen die Macht, eine ansonsten nicht zu meisternde Welt in Ordnung zu bringen.«

Peter Sloterdijk

Eine anschließende einfache Atemübung mit dem Fokus, den Körper zu spüren und fest mit der Erde verbunden zu sein, richtet die Aufmerksamkeit wieder auf den Körper. Auch das gemeinsame Rasseln im 210er-Beat als Vorbereitung auf die Trance kann Körper und Geist sehr effektiv zentrieren und einstimmen.

Es hat sich bewährt, sich während der Vorbereitung zur Trance darüber bewusst zu werden, warum das Erleben der Trance gesucht wird, welche Absicht man in die Trancehaltung bringt. Mit Beginn der Trance wird diese Absicht mit einigen ruhigen Atemzügen oder beim vorherigen gemeinsamen Rasseln wieder bewusst losgelassen. Das Festhalten an der Absicht, den Fragen und Wünschen während der Trance kann ein Erleben verhindern. Erkennendes, das heißt visionäres Erleben braucht »Raum« in uns, das Festhalten an der Absicht »belegt« den inneren Raum.

Viele Handhaltungen der beschriebenen Figuren laden dazu ein, sich bei der Erforschung des Geistes einer Pflanze etwas von dieser Pflanze in die Hände zu legen.

Zur Unterstützung der Aktivierung der Wahrnehmung kann es hilfreich sein, Hände, Ohren und die Nase zu reiben und das »Dritte Auge« (auf der Stirn zwischen den Brauen) sanft zu massieren.

Eine Augenbinde während der Trance zu benutzen, hat sich als sehr hilfreich erwiesen, um die »Welten« unterscheiden zu können: Kommen zum Beispiel Licht oder Geräusche von außen oder innen?

__Während der Trance

Dem Atemfluss wird in der fünfzehnminütigen Trance keine besondere Aufmerksamkeit geschenkt, der Atem soll »normal«, leicht und sanft fließen. Auf keinen Fall darf man hyperventilieren!

Wird die Körperhaltung während der fünfzehn Minuten als so anstrengend empfunden, dass sie ein Erleben der Trance verhindert, haben wir gute Erfahrungen mit folgendem Ablauf gemacht: Gehen Sie mit weiterhin geschlossenen Augen aus der Haltung, entspannen Sie die verspannten Glieder und visualisieren Sie währenddessen die Orginalhaltung, wonach Sie dann wieder die Haltung einnehmen.

Wird das Erleben in der Trance als »zu heftig« empfunden, kann das Geschehen willentlich geändert werden, indem innerlich die entsprechende Änderungsinformation gegeben wird.

Da diese Trance ein erhöhter Wachzustand ist, ist es auch jederzeit möglich, die Augen zu öffnen, um in der Außenwelt zu »ankern« und dann erneut in die Trance zu gehen.

Das Erleben kann begleitet sein von dem Impuls, dass Sie sich in der Haltung bewegen wollen. Entspringt der Impuls zur leichten Bewegung dem Körper und wird sie nicht bewusst »gemacht«, so kann es das Erleben vertiefen, dem Impuls mit einer sanften Bewegung nachzugeben. Dabei sollten Sie aber unbedingt auf der Stelle stehen oder sitzen bleiben, um die anderen nicht zu stören. Die Unbeweglichkeit des Körpers im »Außen« ist ein Weg der Konzentrierung.

Haben Sie das Gefühl, nicht im Zustand einer Trance zu sein, ist es ratsam, mit geschlossenen Augen die Haltung auf ihre Richtigkeit und Spannung hin zu überprüfen und gegebenenfalls zu korrigieren.

Verhindern Gedanken das Erleben einer Trance, so ist der Gedankenfluss am leichtesten aufzuhalten, wenn sich die Aufmerksamkeit gezielt auf den Rhythmus der Trommel oder Rassel richtet. Von der »Außenwelt« eindringende störende Geräusche (das Husten eines Teilnehmenden oder das Hupen eines Autos) können auch am wirksamsten durch die Konzentration auf den Rhythmus ausgeschaltet werden.

Es kommt vor, das man vor Ablauf der fünfzehn Minuten das Erleben in der Trance als abgeschlossen empfindet. Dann setzt man sich hin, ohne die anderen zu stören.

Nach der Trance

Die fünfzehn Minuten, in denen die Körperhaltung eingenommen wird, sind ein Erfahrungswert. Ein intensives Tranceerleben ist meist nicht länger als etwa 20 bis 25 Minuten aufrechtzuerhalten. Nach diesen fünfzehn Minuten der Trance werden die »Türen zwischen den Welten« wieder geschlossen, und zwar durch eine Handlung (zum Beispiel Worte, einen Klang oder ein Speiseopfer), mit der die zuvor angerufenen Kräfte wieder verabschiedet werden.

Nach der Trance ist unbedingt eine Ruhezeit anzuraten, um das Erleben ausklingen zu lassen. Sehr oft entfaltet sich das Erleben im Ruhen noch weiter. (Auch eine gemeinsame Mahlzeit ist ein bewährtes Mittel, um wieder mit allen Sinnen im Alltag anzukommen.)

Sehr zu empfehlen ist es, nach dem Ruhen im Kreis das in der Trance Erfahrene zu erzählen – ohne dass es von einem anderen bewertet wird. Zudem schließt nach einem veränderten Bewusstseinszustand das laut gesprochene Wort die Verbindungen im Gehirn wieder zurück in das »Alltagsbewusstsein«. Schamaninnen und Schamanen in fast allen indigenen Kulturen wissen das auch ohne Gehirnuntersuchungen, sie unterhalten sich nach Heilritualen oft laut über alltägliche Begebenheiten, machen Witze, lachen – bevor sie dann auf das Erleben im Ritual zu sprechen kommen. Der Austausch über das in der Trance Erlebte kann das Vertrauen in die eigene Tranceerfahrung festigen.

Je häufiger der Weg der Rituellen Körperhaltungen als Zugang zu den Feldern des Bewusstseins beschritten wird, desto intensiver kann sich diese Methode zu einem geistigen Weg entwickeln. Der geistige Weg führt über die persönlichen Anliegen hinaus in die Verbindung zu den nichtpersönlichen Informationsfeldern der Welten des Bewusstseins und lässt die Muster und Ordnungen des persönlichen und universellen »Seins« erkennen, unabhängig von ihren Erscheinungsformen.

Der heilsame Klang von Trommel und Rassel

Der Klang ist das wichtigste und mächtigste »Werkzeug«, mit dem Schamanen in allen Kulturen Wahrnehmungsfilter verschieben, Trancen induzieren, Heilungen bewirken, sich mit den geistigen Welten und Kräften verbinden. Nicht nur Schamanen und Naturwissenschaftler wissen, dass alles Lebendige seine unverwechselbare Schwingung hat, seinen eigenen »Gesang«.

Vor allem die Stimme nimmt in der Arbeit von heilsam wirkenden Menschen eine Schlüsselstellung ein. Trommel und Rassel sind neben der Stimme die wichtigsten rituellen Klangwerkzeuge der Menschen, die mit schamanischen Methoden arbeiten. Klang wirkt in schamanischen Heilritualen durch mehr als messbare Schwingungen und Gehirnstromzuschreibungen. Dieser Klang verändert Wirklichkeiten, wird zu einer erfahrbaren Verbindung mit dem »Klang der ersten Schöpfung«, aus dem heraus sich alles Sein entfaltete.

Die rhythmische Anregung für die Ekstatische Trance geschieht fast immer mit einer Rassel oder Trommel. Fast – denn diese Anregung ist auch mit anderen Klangkörpern möglich. In Ermangelung einer Rassel ließ Felicitas zum Beispiel einmal in einem Hotelzimmer jemanden zum Rhythmus eines auf die Tischplatte geklopften Bleistifts »in Trance fallen«. Wichtig ist stets der durchgängige, schnelle Rhythmus mit circa 210 bis 230 bpm, er darf nicht langsamer sein!

Rhythmus ist Bewegung, und Bewegung ist das Merkmal unseres Lebens: Atem, Herz- und Pulsschlag. Der Zustand unseres Körpers, unseres Geistes und unseres Gemüts drückt sich aus im Rhythmus dieser drei. Unser Körper ist ein lebendiger Resonanzkörper, jede Schwingung eines Klangs hat Auswirkungen auf unseren Atem, Herz- und Pulsschlag.

Leben kennzeichnet sich durch Bewegung. Das Schwingen der Vogelflügel, das Laufen eines Tiers, die Bewegung der Wellen ... werden unsere Urahnen gelehrt haben, den Rhythmen und den Klängen von Bewegungen zu lauschen, sie in sich aufzunehmen und gezielt und bewusst in Ritualen einzusetzen, die heilsame Wandlung bewirken sollen.

___Rasselklang

Das Rasseln der Samen in Kapseln und Schoten, das Rasseln einer Klapperschlange, das Trommeln der Regentropfen, das Rascheln des Windes in den Blättern, das Sausen des Windes in einem hohlen Baumstamm und ähnliche Klangbilder in der Natur regten sicherlich unsere frühen Menschenahnen zur Erschaffung von Rasseln an. Das geschah damals wohl so wie heute als Ausdruck der Freude, als rhythmische Begleitung zum Tanz und als rituelles Werkzeug, um Geist und Geister heilsam zu verwirbeln, Heilprozesse anzuregen, Wahrnehmungsfilter zu verändern.

Aus der Rassel als Attribut der Schamanen sprechen je nach Ethnie auch die Stimmen der Geister oder Ahnen.

Die Rassel vereinigt in der Sicht vieler indigener Völker Südamerikas das männliche und das weibliche Prinzip. Nicht nur
auf dieses Prinzip weist die Form einer Rassel mit rundem Körper hin, sondern auch auf die drei schamanischen Welten: der von
der Hand gehaltene Stock als Unterwelt, der Fruchtkörper der Rassel als Mittelwelt und das aus dem Rasselkörper herausragende
Ende des Rasselstocks mit Federn als die Oberwelt. Benutzt eine
Schamanin ihre Rassel, dann hält sie die Achse der Welt in ihrer
Hand.

Diejenigen, die den Klang einer Rassel mit heilsamer Absicht in
das Schwingungsfeld eines anderen einweben, wissen, dass es für
die Wirkung von entscheidender Wichtigkeit ist, dass die so Wirkende »eins« ist mit dem Klang ihrer Rassel, beim Rasseln in der
Rassel ist, selber zur Rassel wird. (Das gilt auch für die Trommel als
heilsames rituelles Instrument.)

Einige archäologische Funde von Rasseln in Europa

- An der sächsischen Elbe, nahe der Stadt Belgern, wurden im
  »Gräberfeld Liebersee« aus der jüngeren Bronzezeit mehrere
  Tonklappern gefunden, einige in Vogelform.
- Eine vogelförmige Rassel wurde bei Ichstedt/Thüringen gefun-
  den, späte Bronzezeit.
- Eine zierliche flaschenförmige Rassel aus Ton mit langem
  schmalem Hals wurde in einem Urnengrab im Landkreis Torgau
  gefunden, Bronzezeit.
- Tonrasseln in Form von Vögeln sind auch von verschiedenen
  Fundplätzen in Polen bekannt. Sie stammen aus der späten
  Bronzezeit, circa 1000 v. u. Z.
- In Halle fand man eine birnenförmige Rassel mit Kieselstein-
  chen gefüllt, Bronzezeit.
- Bei Ausgrabungen bei Altdöbern/Lausitz wurden Rasseln in Vo-
  gelform aus Ton gefunden, Bronzezeit.
- In der Schweiz, in der Seeufersiedlung Zürich-Alpenquai, wurde
  eine Vogelrassel aus der späten Bronzezeit gefunden.
- Eine Klapper in Form einer Ente aus Ton wurde in Magdeburg-
  Buckau gefunden. Sie wird auf die Zeit um 1000 v. u. Z. datiert.

- Aus einem Grab bei Hallstatt, Österreich, wurde eine Gefäßrassel aus Ton geborgen, die etwa 600 bis 500 v. u. Z. gefertigt wurde.
- Im Landkreis Pfaffenhofen fand man in einem Grab eine Tonklapper in Form eines Vogels, circa 10. bis 9. Jahrhundert v. u. Z.
- Die Bronzezeit in Mitteleuropa war reich an Rasseln aus Ton in Tierform, vorzugsweise Vögel. Es sind aber auch Rasseln in Form von Toneiern und als kleine, handliche Objekte mit warzenförmigen Ausformungen bekannt.

___Trommelklang

Wir wissen wenig über das geistige Leben unserer trommelnden Ahnen in Europa, die zum Klang der Trommel gesungen und nach ihrem Rhythmus getanzt haben. Wenig – aber keineswegs nichts.

Zahlreiche Fundstücke von mit Tierhäuten überzogenen Trommeln aus der Jungsteinzeit bezeugen, dass unsere europäischen Vorfahren die Kraft und Wirkung der Schwingungen einer Trommel und den die Wahrnehmung verändernden Impuls des Trommelrhythmus gekannt haben.

Weisen die gefundenen alten Trommeln auf Schamaninnen, Heilerinnen, Vermittlerinnen zwischen den Welten hin? Es ist zu vermuten, aber nicht zu »beweisen«.

Bin ich eine Schamanin, wenn ich in einem aus schamanischen Methoden gewachsenen Ritual trommle?

Es ist nicht das rituelle Trommeln oder Rasseln, das mich zur Schamanin »macht«. Es war und ist immer noch die besondere »Gabe« des Heilens, die das Wirken einer Schamanin kennzeichnet. Nicht jede Schamanin trommelt. Aber diejenigen, die es tun, können mit ihrer Trommel Erde und Himmel erzittern lassen, Visionen lenken, Kräfte und Geister beschwören, Heilungsprozesse einleiten. Das ist auch für die mit dem Geschenk der »Gabe« versehenen Menschen ein lebenslanger Weg der inneren und äußeren geistigen Arbeit – in allen Welten.

Kann ich auch mit heilsamer Wirkung in einem solchen Ritual trommeln, obwohl ich keine Schamanin in einer im Weltbild des Schamanismus lebenden Gemeinschaft bin?

O ja!

Auch ohne die »besondere Gabe«, auch ohne Federkrone, ohne Zertifikat und die werbewirksame Bezeichnung »Schamanin/Schamane« kann Frau und kann Mann heilsame Prozesse mit dem aus einer Trommel oder Rassel sich entfaltenden Klang und Rhythmus in Bewegung setzen.

Wie bei allen Handlungen, die Heilungsbewegungen anregen, so gilt es auch beim rituellen Trommeln und Rasseln, auf die Erfüllung einiger Voraussetzungen zum heilsamen Wirken zu achten:

- sich der Absicht bewusst zu sein,
- sich in einen egofreien Zustand versetzen zu können,
- aus diesem Zustand heraus über Klang und Rhythmus sich in das Schwingungsfeld der am Ritual Beteiligten einzubinden und in ihm heilsam zu wirken – ausgehend von der vorherigen Zustimmung der Beteiligten.

Diejenigen, die auf diese Weise verantwortlich mit dem Trommel- oder Rasselklang arbeiten, sind jenseits von allen »Schamaninnen-Labeln« in der Lage, ihren eigenen »Geist« zu erkennen, ihn mit dem »Geist des Klangs« von Trommel oder Rassel zu verbinden und aus dieser Verwebung heraus heilsam mit Klang zu wirken. Dieses Wirken erwächst aus der inneren, geistigen Arbeit. Wenn diejenige, die in einem rituellen Kontext trommelt, diese Arbeit nicht innerlich trägt, können auch die präzisesten, lautesten Trommelschläge weder den Klang-Geist der Trommel erwecken noch das Schwingungsfeld der anderen im Kreis heilsam berühren.

Einige archäologische Trommelfunde in Europa

- In einem Grabhügel bei Hornsömmern in Thüringen wurde eine Trommel aus Ton gefunden. Sie ist circa 24,8 Zentimeter hoch und etwa 5200 bis 4800 Jahre alt. Diese Trommel ist verziert mit mehreren Reihen von Zeichen, die auf einen rituellen Gebrauch hinweisen: Sonne und Mond, Planeten, Balkenkreuz, Bogenlinien und baumähnliche Zeichen.
- Aus der Trichterbecher-Kultur (circa 4300 bis 3000 v. u. Z.) wurden in einem Großsteingrab bei Lüneburg, in der »Oldendorfer Totenstatt«, vier sanduhrförmige Tontrommeln entdeckt. Aus dieser Zeit sind in mehreren Steingräbern in der Lüneburger Heide Funde von Trommeln bekannt, teilweise mit Sonnensymbolen verziert.
- Im heutigen Sachsen-Anhalt entwickelte sich etwa 3700 bis 3200 v. u. Z. die »Salzmünder Kultur«. Hier fand man Reste von 24 Tontrommeln, die einst mit Tierhäuten bespannt waren. Einige der Trommeln waren reich mit Ornamenten verziert: Sonne, Mond, Balkenkreuz, Anker und Bogen.
- Eine etwas ältere Trommel wurde in Brandenburg bei Schkopau gefunden.
- Bei Ausgrabungen auf der Schalkenburg (Kreis Hettstedt) und der Siedlung in der Dölauer Heide wurden Scherben von circa dreißig Tontrommeln aus der Zeit von circa 2500 bis 2100 v. u. Z. gefunden. Einige dieser Trommeln waren mit Sonnenmotiven verziert.

Kreative Anwendungsvielfalt der Rituellen Körperhaltungen

___Trancehaltungen zu Pflanzen und anderen Heilmitteln

Doris Müller

Die Trance bietet die Möglichkeit, sich den Kräften von heilend wirkenden Substanzen zu öffnen und diese zu erfahren, indem wir den inneren Blick gezielt auf den Kern und die Wirkweise eines Heilmittels richten.

Heilmitteltrancen führen zur Betonung, Bewusstwerdung und Schulung der inneren Sinne in der Begegnung mit Heilmitteln und fördern die Heilung in uns selbst. Sie regen Heilprozesse in uns an, die sich sowohl in körperlichen wie auch in seelischen oder geistigen Veränderungen äußern. Eine Heilmitteltrance wirkt wie eine Arzneimittelgabe, darüber sollte man sich im Klaren sein, wenn man sich diesem Prozess anvertraut.

Die verschiedenen Trancehaltungen können uns in bestimmte Bereiche, zu bestimmten Energien, Geistwesen oder Kulturen führen. Sie können uns auch helfen, sich in das Feld einer Pflanze, eines Minerals, eines Metalls oder eines Tieres hineinzubegeben oder wie bei der klassischen schamanischen Arbeit in die eines erkrankten Menschen.

Da wir bisher am meisten Erfahrung mit Pflanzenkräften gesammelt haben, beschränke ich mich hier im Wesentlichen auf das Feld der Pflanzen, um die Heilmitteltrancen zu verdeutlichen.

Zur Reinigung, zur Klärung und als schützende Begleitung während der Trance räuchern wir zunächst wie üblich mit Salbei oder Beifuß und so weiter.

Wir bitten um Einlass in das Kraftfeld der Pflanze. Jeder bekommt in der Regel das, was zu ihm passt, aus der Energie dieser Substanz: dort, wo eine Lücke, ein Mangel in uns herrscht, in den die Pflanzenkraft sich einfügen kann, oder eine Ausstülpung, eine Betonung, an der sie eine Stelle, ein Thema in uns findet, wo sie andocken kann. Wir bieten uns der Kraft an, sich in uns und über uns auszudrücken.

Wichtig ist, dass wir unsere Absicht klar formulieren und uns gebündelt darauf ausrichten. Wir können uns auf die Pflanze einstimmen, indem wir sie betrachten, berühren, riechen oder, wenn möglich, zu uns nehmen. Steht eine solche Pflanze nicht zur Verfügung, kann auch ihr Bild betrachtet werden. Gibt es Tee, Salben, Tinkturen, Essenzen, Öle, homöopathische Globuli oder Räucherwerk, legen wir auch dieses zur Anwendung bereit.

Ich habe die Erfahrung gemacht, dass jeder intuitiv das aussucht, wozu er am meisten Bezug hat oder was er braucht. Die unterschiedlichen Erscheinungsbilder und Betonungen einer Kraft regen die äußeren und inneren Sinne an und bereichern unser Erleben.

Für viele Teilnehmer ist es einfacher, in die Trancehaltung zu gehen, ohne Genaueres über die schon bekannten Heilwirkungen der Pflanze zu wissen. Das innere Wissen, das wir in der Trance erlangen können, da wir mit allem, aber im Besonderen mit dem Feld der Pflanze verbunden sind, schließt ein eindrückliches inhaltliches Erleben ein. Durch diese individuelle Erfahrung kann unser eigenes Thema mit der Pflanze, aber auch das zentrale Thema der Pflanze unbefangener und klarer erlebt werden.

Für die Wahl der Trancehaltung kann man sich nach dem Gebiet richten, in dem die Pflanze heimisch ist. Eine solche Haltung verbindet uns mit dem Wissen der dort heimischen Geistwesen oder Energieformen sowie der Kultur, die diese Haltung geprägt und das Heilmittel angewendet hat. Es kommt nicht selten vor, dass Heilkundige aus alten Kulturen uns in der Trance Teile ihres Wissens über diese Pflanzen mitteilen. In den Trancen zu Tabak wählten wir zum Beispiel eine Haltung der Olmeken, den »stehenden Jaguarmenschen« (siehe Seite 182f.), da Mexiko eines der Ursprungsländer der Tabakpflanze ist und Tabak dort immer noch als wichtiges Heilmittel dient. In den Mythen heißt es, der Tabak sei die Nahrung des Jaguars.

Das Aussehen einer Pflanze oder ihr Name kann ebenso zu einer Haltung anregen, wenn diese sich auf eine Weise entsprechen, sich ähnlich sind oder entsprechende Verzierungen aufweisen. So zum Beispiel für den Mohn – »Die Mohnfrau von Gazi« ist dafür die naheliegende Haltung. Die Schlangenkraft erfahren wir am besten in Schlangenhaltungen, aber nicht ausschließlich.

Decken sich Schwerpunkte einer Haltung mit Schwerpunkten des Heilmittels, kann dies die Wahl entscheiden, zum Beispiel eine

Frauenhaltung für ein Heilmittel, das seinen Schwerpunkt in der Frauenheilkunde hat.

Es gibt Haltungen, bei denen oft bestimmte Energieformen auftreten. Die »Frau von Cholula« zum Beispiel verkörpert in meinem Erleben oft eine freundliche, mütterliche Energie. Wir haben sie deshalb in einer Trance zu Kupfer, das dem weichen Weiblichen zugeordnet ist, um Rat gefragt. Das ist eine subjektive Herangehensweise, aber auch solche Merkmale können für die Wahl der Haltung ein Kriterium sein, wenn die Absicht klar formuliert ist.

Unserer Erfahrung nach ist es sinnvoll, vier Trancen zur gleichen Pflanzenkraft abzuhalten, wenn man ein intensives Kennenlernen der heilsamen Pflanzenenergie beabsichtigt. In den Trancen zu Salbei wurde uns dies zum ersten Mal deutlich. Es ist sinnvoll, in einzelnen Schritten vorzugehen und zwischen den Trancen Pausen zu machen, um die Erfahrungen zu verarbeiten. Bei jeder Sitzung vertieft und vervollständigt sich das Heilmittelbild. Dabei kann es von Vorteil sein, immer die gleiche Haltung einzunehmen, um dem vorgebahnten Weg weiter in die Tiefe zu folgen.

Verschiedene Haltungen bringen verschiedene Aspekte der Pflanzenkraft zu Geltung. Auch das kann sehr bereichernd sein. Es ist wichtig, hier keine starren Prinzipien aufzubauen.

Die Pflanze selbst führt einen, wenn man beweglich bleibt und bereit ist, mit ihr zu gehen. Manchmal ergibt sich aus einer ersten Trance das Thema der Pflanze und auch die »richtige« Haltung oder sogar eine Änderung im Ritualablauf. Auch darin spiegelt sich die Qualität der Heilkraft einer Pflanze. Die Pflanzenkraft von Beifuß zum Beispiel forderte uns explizit auf, in vier Sitzungen die gleiche Haltung einzunehmen, da es beim Beifuß darum geht, durch den Mittelpunkt eines Problems zu stoßen, durchzuhalten, nicht ständig auszuweichen, wenn es schwierig wird. Dann erst kann die Wende erfolgen, und alte Lasten können gehen.

Die Heilkraft der Engelwurz, die wir mit einer Haltung aus ihrer Heimat einluden, der liegenden »Sami-Haltung«, forderte uns zum Heilschlaf auf, da tiefe Entscheidungen und Entwicklungen zur Klarheit hin immer im Schlaf geschehen und die Bewusstwerdung der kleinere Schritt dabei ist. Wir sollten uns deshalb nach dem getrommelten Ritualteil noch einmal ausreichend Zeit lassen für die

Bewusstwerdung des in der Trance beziehungsweise im Heilschlaf Erlebten. Das heißt nicht, dass man jedes Mal den Ritualablauf ändern sollte – eine bewährte Struktur ist Voraussetzung dafür, Besonderheiten erfahren zu können –, aber es ist von Vorteil, sich ein offenes Ohr für solche Impulse zu bewahren und sie als Symptome des Heilmittels zu erkennen.

Die Pflanze wird sich in jeder Haltung ausdrücken, aber sicherlich gibt es Haltungen oder Abläufe, die ihrem Wesen näher kommen und die es erleichtern, eine Brücke zu ihrer Heilqualität zu schlagen. In welchem Themenkreis sich die Pflanze in uns ausdrückt, liegt an uns, an unseren Glaubensgrundsätzen, an dem Ort, an der Jahreszeit und an der gesellschaftlichen und kulturellen Struktur, in der wir leben. Deshalb kommt es darauf an, das Dahinterliegende herauszuspüren. Was ist der gemeinsame Nenner, wenn wir von unserem Hintergrund absehen? Welchen Einfluss hat die Haltung auf die Ausdrucksform des Heilmittels? Welche Aspekte kommen damit in den Vordergrund? Eine stehende Haltung in Schrittstellung mit erhobener Faust, wie sie der »stehende Jaguarmensch« darstellt, führt uns in ein aktives Erleben und lässt uns eher die aggressiven, nach außen gerichteten Momente einer Kraft spüren. Wohingegen eine auf dem Bauch liegende Haltung wie der »liegende Sami« uns eher in den Wurzelbereich unseres Daseins führt.

Die Deutung der Tranceerlebnisse ist nicht immer einfach und erfordert Erfahrung, die man nur im Tun erhält. Es ist ratsam, die erfahrenen Tipps und Anwendungshinweise mit spielerisch forschendem Geist auf ihre Tauglichkeit in unserem Alltag hin zu prüfen und bei Bedarf auch zu verändern.

Wir haben die Erfahrung gemacht, dass viele Teilnehmer schon Stunden oder Tage vor der angesetzten Trance in das Feld der Pflanze eintreten. Genauso wie die Wirkung der Trance manchmal Tage oder Wochen anhält. Die Beobachtung der Symptome im alltäglichen Geschehen um die Trance herum ist deshalb sehr aufschlussreich und sollte auf jeden Fall mit einbezogen werden in das Heilmittelbild der Pflanze.

Gewertet werden körperliche Symptome vor allem, wenn sie bei mehreren Teilnehmern auftauchen. Die Stimmung im Raum und die äußeren Umstände zählen genauso zum Bild wie die Tranceerlebnisse selbst. Je intensiver und deutlicher etwas erlebt und je authentischer es erzählt wird, desto mehr verbirgt sich dahinter die Kraft der Pflanze. Das als grobe Richtlinie.

Welche Themen eine Pflanze anspricht und wie sie dies tut, ergibt sich aus den Berichten der Teilnehmerinnen und Teilnehmer, die sich unserer Erfahrung nach erstaunlich oft thematisch decken.

Wer hinhört, zuhört, beobachtet und wirken lässt und der Pflanze Raum lässt, sich auszudrücken, wird von ihr geführt werden, um das Wesen ihrer Heilqualität zu erkennen.

Für Therapeuten birgt diese Schulung der inneren Sinne die Möglichkeit, durch innere Bilder Wirkkräfte beim Patienten zu erkennen, die einem Heilmittel zugeordnet werden können.

Die intensive Auseinandersetzung mit einer Kraft braucht Zeit. Die Bewusstwerdung der inneren Prozesse, das Auftauchen der Kraft in unserem Alltag ist die Arbeit, die wir erst nach den Trancen meistens unbemerkt leisten, deshalb wird ihre Wirkung oft verkannt. Durch die Beschäftigung mit einer Pflanze über Wochen und Monate und vor allem über die schriftliche Dokumentation konnten wir diesen Prozess gut beobachten und Zusammenhänge ausmachen, die über kürzere Zeiträume nicht sichtbar geworden wären.

___Schönheit und Geist der Pflanzen

Johanna Herzog

Als Kräuterfrau möchte ich bei jeder Gelegenheit mehr über die uns umgebenden Pflanzen erfahren, mich öffnen für ihre Lebens- und Ausdrucksweise, für mich selbst oder auch für einen anderen Menschen. Neben anderen Wegen, tiefen Kontakt zu einer Pflanze zu finden, liebe ich es, die Rituellen Körperhaltungen zu machen. Als Vorbereitung und zur Einstimmung auf die Trancehaltung begebe ich mich zum »grünen Volk« ins Freie.

Ich mache das in der Stille des frühen Morgens oder in der Dämmerung an geliebten Plätzen im Wald, auf einer Wiese, in Städten in einem Park, auch an unbekannten Orten, an denen ich mich wohlfühle, geschützt bin und zur Ruhe kommen kann.

Bin ich in einer sehr einsamen Gegend, ist dies leichter, in belebten Gebieten lausche ich lange, um eventuell Veränderungen im

Gesang der Vögel und allen anderen Geräuschen wahrzunehmen, falls Menschen auftauchen würden. Wenn ich mich draußen unsicher oder abgelenkt fühle, dann bitte ich die Pflanze vor einer Trance, mich zu begleiten, und nehme etwas von ihr mit ins Zimmer.

Beschäftigen mich Fragen danach, was ich im Moment für Herz, Leib und Seele brauche, bekomme ich immer eine Antwort. Das kann geschehen, indem ein bestimmter Zweig auf mich fällt, ein Blatt besonders leuchtet, mein Gefühl für einen Baum oder ein Kraut, eine Horde Farne oder eine einzelne Blüte aufflammt und mich in die Gesellschaft der Pflanze lenkt, die mir Rat und Hilfe bietet.

Ohne andere Gedanken verbringe ich einige Zeit mit ihr, fühle ihre Besonderheit und Schönheit, betrachte sie, erforsche ihren Duft, die Form ihrer Blätter, den Stamm. Ist sie weich, haarig, glatt, kantig, elastisch? Wie blüht sie, wächst sie allein oder mit vielen anderen an dieser Stelle, wird sie von Insekten besucht, wer sind ihre Nachbarn?

Was hält sie wohl für uns bereit? Wie viel und welchen Teil darf ich mitnehmen? Als Dank bringe ich ihr ein Geschenk – zum Beispiel ein Lied, duftenden Rauch, gute Wünsche, die ich in Stoffbänder spreche, mit denen ich sie umwickle, Tabak, fein versprühten Wodka, mein Haar ... Ich gebe immer etwas von mir für den Geist der Pflanze, der ich auch erkläre, weshalb ich etwas von ihr brauche und für wen ich sie um ihre Heilkräfte bitte.

Zur Trance nehme ich erst einen Tee oder Auszug der Pflanze ein und sitze dann nah bei ihr beziehungsweise halte etwas von ihr in der Hand. Ein unmittelbarer Geschmack entfaltet sich durch das Einlegen leicht zerkleinerter frischer Pflanzenteile in kaltes Wasser über einige Stunden, Frühlingsblätter von Bäumen wie Eiche oder Buche, Ahorn, Weißdornblüten, Huflattich, Waldmeister, frische Brennnesseltriebe ...

Von direktem Körperkontakt und der Einnahme giftiger und leicht giftiger Pflanzen rate ich ab, bei manchen Menschen wirken schon kleinste Dosierungen gefährlich und lösen allergische Reaktionen aus. Trotzdem scheint mir die Annäherung an Eibe, Efeu, Fingerhut, Tollkirsche und andere, die auch sehr heftige lebensbedrohliche Effekte haben können, mit angemessener Vorsicht und Respekt einfach und tief bewegend.

Mir sprach im Traum oft ein Gefleckter Schierling zu, ich sollte ihn auf keinen Fall berühren, kurze Zeit später wuchs er auch schon unter meinem Schlafzimmerfenster im Garten, wo ich ihn ja sehr gut kennenlernen kann, einfach indem ich in der Nähe sitze oder liege!

Allein oder mit anderen erlebte ich die »Tschiltan-«, die »Bären-«, die »Sami-Haltung« oder die Haltung der »Frau von Morava« als angenehm, um Kraft und Macht der angerufenen Pflanzenwesen stark zu spüren. Als ich mit einer Gruppe die Trance mit einer gemeinsamen Heilpflanze machte, zeigten sich deren allgemeine Wirkungen für uns alle ähnlich. Und doch erfuhren und erlebten alle jeweils für sich eine sehr spezielle Bedeutung und innigen heilsamen Kontakt, der oft noch lange Zeit nachwirkte.

___Körperhaltungen in Erdhöhlen
Karin Decker

»Die Vorstellung der Ur-Schöpfungskraft als eine alles umfassende ›Große Mutter‹, die Leben gibt, erhält und wieder zu sich nimmt, gehört mit zu den ältesten Vorstellungen einer Schöpfungskraft. Der Schoß der ›Großen Mutter‹, dieser ›Kessel‹, aus dem heraus alles Leben in Zyklen wieder neu geboren wird, befand sich in den Vorstellungen unserer Menschen-AhnInnen im Inneren der Erde. Höhlen bildeten den Eingang zum Schoß der Großen Mutter und waren ein Teil ihres Schoßes.
Höhlen als respekteinflößende Naturerscheinungen bildeten für die in der Frühzeit der Menschheit lebenden Menschen oft den Ritualraum für ihre die Erdmutter verehrenden Riten. Aus ihrem tiefen Schoß entsprang alles Wachstum, ihr brachte man Opfergaben dar.«

Nana Nauwald (2002)

Seit Jahrtausenden gehen Menschen in Erdhöhlen, um dort Rituale des Heilens durchzuführen. Einige der Frauen, die mit den Rituellen Körperhaltungen arbeiten, nutzen das »alte« Wissen um die besondere Kraft von Höhlen und gestalten dort mit den Körperhaltungen Rituale des Heilens. Ich selbst gehe seit Jahren in die sehr große Tropfsteinhöhle namens »Erdmannshöhle« in Süddeutschland.

Das Tranceerleben in einer Höhle unterscheidet sich sehr von dem Erleben einer Trance im geschlossenen Raum eines Hauses. Nach meinen Beobachtungen haben die Menschen dabei stärkere Körperempfindungen: Es tritt allgemein größere Hitze auf, obwohl die Außentemperatur in einer Höhle geringer ist als in Räumen oder im Freien. Auch das bildhafte Erleben ist meiner Erfahrung nach stärker, was sicherlich mit der Dunkelheit und der vermehrten Melatoninproduktion zu tun hat.

In den Trancen werden viele Erd- und Kriechtiere gesehen, allen voran die Schlange. Auch die klassischen Bewohner des Erdreichs, die »kleinen Leute«, zeigen sich in diesen Trancen in der Höhle häufiger als im Trancegeschehen außerhalb.

Durch die spezielle Akustik in einer Höhle wird der Klang der Rassel besonders intensiv wahrgenommen, was wiederum zu intensiverem Erleben und verstärkten Empfindungen und Bildern führt. Meiner Beobachtung nach sind die Sinneswahrnehmungen während der Höhlentrance differenzierter und offener als während einer »normalen« Trance.

Zum Erleben einer Trance eignen sich in der Höhle im Speziellen alle Haltungen, die ein Bereisen der »unteren Welt« möglich machen, und Haltungen, die besonders stark die eigenen Heilenergien aktivieren.

Die Heilwirkung der Trancen ist in Höhlen sehr stark. Es sind berührende Heilszenarien, die sich dort abspielen, hervorgerufen durch die starken Erdkräfte der Höhle. Immer wieder erzählen mir Teilnehmerinnen an Höhlentrancen, dass dieses Höhlentrance-Erleben sehr nachhaltige Auswirkungen auf ihr Seelenleben hat. Es ist, als ob man noch näher mit sich selbst und der Anderswelt in Verbindung ist.

Wir haben durch die Trancehaltungen oft Informationen über die Höhle bekommen. So wissen wir, dass dort auch früher schon Heilrituale stattgefunden haben. Die Wesen der Höhle freuen sich sehr, wenn wir kommen. Auch der »Wächter« dieser Höhle heißt uns immer willkommen. Die Wesen der Höhle gaben uns mehrfach zu verstehen, dass es eine Erdheilung ist, wenn wir dort unser Ritual feiern, da häufig durch viele Besucher der Höhle immer wieder »Unruhe« entsteht. Mit Hilfe der Trance kann die »Energie« der Höhle wieder ins Gleichgewicht gebracht werden. Aus diesem Grunde gehen wir jedes Jahr am letzten Wochenende, bevor die Höhle über den Winter schließt, hinunter in den Schoß der Erde.

Elternbegleitung mit Trancehaltungen in der Physiotherapie

Petra Kral

Die Elternbegleitung von Kindern mit Behinderungen und die Möglichkeit der Anwendung der »Rituellen Körperhaltungen und Ekstatischen Trance« nach Dr. Felicitas D. Goodman ist ein wesentlicher Aspekt in meiner therapeutischen Arbeit mit Kindern, die Bewegungsstörungen aufweisen. Die Anwendung der Trancehaltungen bieten hier eine erweiterte Zugangsmöglichkeit an.

Die Körperhaltungen dienen den Eltern als ein Weg, um für ihre eigene Situation bewusster zu werden und somit einen natürlichen Umgang mit ihren Kindern zu finden und zu gestalten. Im Erkennen ihrer eigenen Potenziale erleben sie hier, wie Schmerzmuster und Blockaden – auch in Hinblick auf die Behinderungen ihrer Kinder – sich leichter auflösen lassen. Das Erleben der Trance kann für die Eltern Folgendes bedeuten:

- Es entsteht eine erhöhte Wahrnehmungsfähigkeit, und dadurch wird das Erkennen der Zusammenhänge im Familiensystem deutlicher.
- Von schmerzhaften Familientraditionen weitergereichte Muster können aufgelöst werden, und neue kreative Handlungen treten an ihre Stelle. Die eigene Wertschätzung wird erhöht.
- Man erinnert sich an Fähigkeiten, die nicht mehr genutzt werden (zum Beispiel das Spielen von Musikinstrumenten oder ein Talent für bestimmte Sportarten).
- Das emotionale Gleichgewicht wird wiedererlangt.
- Der Respekt und die Achtung vor dem Leben eines jeden einzelnen Mitglieds der Familie können sich verbessern, und somit

wird die Integration aller am Prozess beteiligten Personen ermöglicht.

Der Zugewinn für die Kinder, deren Eltern Trancehaltungen erleben, besteht in Folgendem:

- Es ergeben sich größere Bewegungsspielräume und eine verbesserte Koordination von Haltung und Bewegung (Variabilität und Kreativität in Haltung und Bewegung erhöhen sich).
- Muskelspannungsstörungen regulieren sich.
- Die Kommunikationsfähigkeiten werden erweitert – die Kinder sind häufig aufmerksamer.
- Kognitive Vorgänge verfeinern sich.

Trancehaltungen als ein Instrument in der Begleitung therapeutischer Prozesse sind so ein wertvoller Zugewinn. Sie nehmen, vor allem bei der Integration des behinderten Kindes in die Familie, einen wertvollen Platz ein.

Körperbemalung und rituelles Zubehör als Informationsträger

Je tiefer wir in die Erfahrungen der Rituellen Körperhaltungen eintauchten, desto aufmerksamer wurden wir auf die oft auffälligen Attribute, mit denen die Originalfigur ausgestattet ist. Besonders Kopfbedeckungen und Gesichtsbemalungen erregten unser Interesse. Die Originalfiguren und Zeichnungen geben durch die rituellen Attribute einen Hinweis auf die Art der Verbindung zu ihrer geistigen Welt und machen manchmal auch die Richtung der Wirkung sichtbar, die durch die Haltung angestrebt wird.

Ausgehend von dem Wissen über die Wirksamkeit energetischer Informationsvermittlung über Zeichen, begannen einige kreative Frauen, diese Zeichen und rituellen Attribute nachzubilden. Wir zeichneten zum Beispiel die minimale Gesichtsbemalung des »Wahrsagers von Tennessee« nach und stellten die enge Kappe her, die er trägt. Beide Attribute beeinflussen das Erleben in der

Trance, es wird klarer. Auch bei der »Frau von Cholula« erfuhren wir eine Verstärkung im Erleben der Trance, als wir das spitze Hütchen und den weit ausladenden Kragen nachbildeten.

Wie ist es möglich, dass die Nachbildungen auffälliger Kopfbedeckungen, Halskrägen, Halsbänder, Armbänder und Körperbemalung das Erleben in der Trance verstärken? Rituelle Bemalungen der Haut als »Medizin zum Aufmalen« ist aus einigen indigenen Kulturen bekannt, vor allem in Ritualen mit der Absicht um Heilung oder Schutz. Auch bei uns hat in den letzten Jahren die auf Anregung von Energiefluss angelegte Bemalung der Haut mehr und mehr Aufmerksamkeit erlangt, zum Beispiel im Heilen mit Zeichen, in der Energiebalance durch Striche, in der Bemalung einzelner Akupunkturpunkte oder in Strichcodes bei Stresspunkten.

Als wir im Verlauf der Erforschungen von Rituellen Körperhaltungen die Gesichtsbemalungen der Originalabbildungen mehr und mehr beachteten, erfuhren wir im Erleben der Trance, dass viele der rituellen Gesichtsbemalungen mit ihren Punkten und Linien ganz klar nachvollziehbar bestimmte Energieflüsse mobilisieren oder blockieren können.

Beim Volk der Shipibo im Flussdschungel von Peru ist heute noch das Wissen um ein energetisches Schwingungsfeld erhalten, das im veränderten Bewusstseinszustand als Gewebe von bewegenden, farbigen Mustern zu sehen ist. Jeder Mensch ist von solch einem Mustergewebe umgeben, das ihn schützt. Ist das »Lebensmuster« des Menschen gestört, versucht der Schamane im nächtlichen Heilritual die »gestörten Muster« des Patienten zu erkennen und sie durch Heilgesänge wieder in ihre Harmonie zu führen. Das Wissen hinter diesen Heilritualen der Shipibo besagt: »Gesundsein heißt, gute Muster zu haben.«

Körperbemalung zur Unterstützung von Heilprozessen kann einen Anstoß geben für die Aktivierung eines stockenden Flusses der Lebensenergien. Wenn – wie manche Physiker heute sagen (zum Beispiel Anthony Blake, ein Schüler von David Bohm) – die Welt aus der Triade Information, Energie und Materie besteht, dann stehen diese drei in einem sich gegenseitig beeinflussenden Wechselverhältnis zueinander. Warum sollte es dann nicht eine spür- oder sichtbare Wirkung zeigen, wenn wir über Bemalung, die Berührung, eine Information (das heißt eine nicht an Materie und Energie gebundene geistige Kraft) an den Körper (Materie) geben und damit die Energie (*Qi*, Lebensenergie) beeinflussen?

Von diesen Gedanken war der Schritt zu der Überlegung nicht weit, ob wir die Wirkung der Trancehaltungen zum Thema »Aktivierung von Heilprozessen« nicht durch gezielte Bemalung des Körpers verstärken und unterstützen können. Wir können!

Geht man mit der gezielten Absicht in eine Rituelle Körperhaltung, die eigene Heilenergie zu aktivieren, so kann in der Haltung danach gefragt werden, welche Farbe oder welches Muster diese Aktivierung heilsam unterstützt. Als Haltung dafür hat sich die freundliche »Frau von Cholula« als sehr auskunftsfreudig erwiesen.

Immer wieder beeindruckend sind die Berichte über die Erfahrungen, die mit der rituellen Bemalung in einer Heilhaltung gemacht werden. Oft wird die Energie der Farbe oder des Musters körperlich gespürt – kühl, heiß, netzartig verbindend, Bereiche trennend, Körperpartien energetisierend.

Falls es nicht möglich sein sollte, die Gesichtspartien zu bemalen, ist es ebenfalls sehr effizient, die Linien und Punkte der Originalbemalung mit dem Finger mehrfach wiederholend woanders auf die Haut zu streichen und somit über den Energiefluss einzuwirken.

Die Stirnbemalung des »tätowierten Jaguars«

Beim »tätowierten Jaguar« zeichnen wir uns nur das Kernstück der Tätowierung auf die Stirn, da die meisten nicht so eine schöne Glatze haben wie der »Jaguarmensch«.

Mit Körpermalfarbe oder einem weichen Pastell- beziehungsweise Augenbrauenstift wird die Zeichnung so auf die Stirn gemalt, dass der Mittelteil, die »Zunge«, über dem Nasenansatz liegt.

Die Wangenbemalung des »Pumas von Tiwanaku«
Zwei Reihen von drei übereinanderliegenden, circa 1 Zentimeter großen Kreisen werden auf die Wangen gemalt. Die Reihen verlaufen leicht schräg zur Nase hin.

Die Gesichtsbemalung der »Machalilla-Haltung«
Für die Gesichtsbemalung der »Machalilla-Haltung« sind uns die zwei folgenden Varianten bekannt:

- Senkrechte Streifen verlaufen von der Stirn bis zum Kinn gleichmäßig über das Gesicht.
- Auf jeder Gesichtshälfte verlaufen drei Streifen pfeilförmig auf die Nase zu, und zwar von der Stirn bis zum Kinn.

Die Gesichtsbemalung der »Seherin der Moche«
Die Haltung der »Seherin der Moche« lässt eingeritzte Gesichtszeichnungen erkennen:

- zwei übereinanderliegende Querstriche, die in der Mitte des Nasenrückens über die Nase laufen,
- ein gerader Strich unterhalb der Unterlippe,
- zwei geschwungene Linien, die sich übereinanderliegend vom rechten Jochbein über das Kinn unter dem geraden Strich zum linken Jochbein ziehen.

Rituelle Attribute

Rituelle Attribute (zum Beispiel Stäbe, Hüte, Umhänge) können sowohl Ausdruck einer besonderen Stellung in der Gemeinschaft sein, oder sie können als Ritualobjekte wirken, die den Zugang zu geistigen Kräften und geistigen Räumen verstärken. Ein Beispiel ist der spitze Hut der »Frau von Cholula« oder auch die hohe Mütze des »Zapoteken von Monte Albán«. Ein spitzer, hoher Hut kann im veränderten Bewusstseinszustand wie eine den »Empfang« verstärkende »Antenne« wirken.

Sicherlich haben die spitzen Hüte von Zauberern und Hexen und die Kopfbedeckungen von kirchlichen Würdenträgern oder die »Gelbmützen« der tibetischen Gelugpa auch ihren Ursprung in dem Wissen um diese »Antennenwirkung«, auch wenn sie heute hauptsächlich Attribute sind, die Machtstellungen anzeigen. Die Wirkung einer eng anliegenden Kappe wie zum Beispiel beim »Wahrsager von Tennessee« dagegen fördert eine Konzentrierung nach innen.

Einige der Abbildungen Ritueller Körperhaltungen tragen eine Vogelmaske, so »Der Mann von Lascaux«, »Die Vogelfrau von Thessalien« oder »Der Vogelmann von Veracruz«. Eine stilisierte Vogelmaske während der Trance aufzusetzen, kann das Erleben verstärken, wie zum Beispiel ein Flugerleben oder eine fokussierte, klare Sicht auf ein Problem oder eine Situation.

Arbeitsvorlagen für rituelles Zubehör

Die folgenden Beispiele für die Anfertigung von rituellen Attributen bieten ihnen schon viele Möglichkeiten, und mit etwas Forschergeist und Einfallsreichtum lässt sich sicher noch einiges mehr in diesem Sinne machen!

Hut und Brusttuch des »Zapoteken von Monte Albán«
Material: Filz.

Die Originalgröße des Hutes beträgt, gemessen am Stoffbruch vorn, 21,5 Zentimeter und hinten 26 Zentimeter. Auf einem Fotokopierer kann die Vorlage vergrößert werden.

Wenn die Zeichen nicht direkt auf die Brust gemalt werden können, hat es sich auch bewährt, sich ein Stück Stoff mit den aufge-

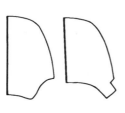

Die Hutteile (links); Grafik der Hutbemalung (Mitte); Bemalung der Brust bzw. des Lätzchens (rechts).

malten Schriftzeichen so umzuhängen, dass es auf der Brust liegt. Das Brusttuch ist 21 Zentimeter breit und 25 Zentimeter lang. Eine Kordel für den Hals wird ebenfalls benötigt.

Vogelmaske

Material: schwarzer Karton, dünnes Gummiband.

Den Karton in der Mitte knicken, den Umriss der Maske vom Knick her aufzeichnen, ausschneiden, mit dem Gummiband versehen.

Schnabellänge (Bruchkante): 15 Zentimeter.

Länge der Endkante: 4 Zentimeter.

Länge der Schrägkante des Schnabels: 10 Zentimeter.

KNICK

Beim »Mann von Lascaux« und bei der »Vogelfrau von Thessalien« wird die Maske so aufgesetzt, dass der Schnabelansatz (nicht die Schnabelspitze) auf der Nasenspitze liegt, das Ende der Maske bedeckt die Ohren.

Beim »Vogelmann von Veracruz« wird die Vogelmaske so aufgesetzt, dass sie wie ein »Dach« über der Stirn liegt.

Die Vogelmaske der »Vogelfrau von Priština«

Um diese einfache Vogelmaske herzustellen, wird ein 25 bis 30 Zentimeter langer »Schnabel« aus dicker Pappe und zwei große Augen aus Karton auf den Schirm einer Baseballkappe geklebt oder getackert. Der Schnabel kann auch oberhalb des Schirms mit ein paar

Fadenstichen am Stoff fixiert werden. Der Vorteil dieser Maske ist, dass der Schirm tief über die Augen gezogen werden kann und so keine zusätzliche Augenbinde benötigt wird.

Hut und Kragen der »Frau von Cholula«
Material: Stoff, biegsame Kunststofffolie, zum Beispiel Deckblatt eines Schnellhefters, kleine Steine, doppelseitiges Klebeband.

Der Hut: aus dem Plastikdeckel eines Schnellhefters eine Spitztüte rollen. Länge: circa 23 Zentimeter. Durchmesser: circa 12 Zentimeter.

Die Vogelmaske der »Frau von Priština«.

Die Enden mit Klebeband so verbinden, dass der Hut seine Form behält. Die Außenseite der Spitztüte mit doppelseitigem Klebeband rundum bekleben, Stoff glatt darauf befestigen. Stoff doppelt aufeinanderlegen, einen Kreis von etwa 36 Zentimeter Durchmesser ausschneiden, in der Mitte dieses Kreises ein Loch von der Größe des Durchmessers der Spitztüte schneiden, nur etwa 0,5 Zentimeter kleiner. 13 »Finger« vom Rand des Kreises zur Mitte hin ausschneiden, Durchmesser zwischen 2,5 und 3,5 Zentimeter, Länge circa 5 bis 7 Zentimeter.

Hut und Kragen der »Frau von Cholula«.

Diese »Finger« können unregelmäßig sein. An der Vorderseite des Hutes ist eine Lücke für das Gesicht ausgespart, hier haben die »Finger« an ihrem Ende circa 25 Zentimeter Abstand voneinander, der Abstand vom unteren Rand des Spitzkegels zum Rand des Stoffes beträgt hier etwa 3 Zentimeter. Beide Stoffteile werden zusammengenäht, in die hohlen »Finger« werden kleine Steinchen eingenäht, damit durch das Gewicht der Steinchen der Hut auf dem Kopf bleibt. Der Innenkreis des doppelten Stoffes wird an die Öffnung des Spitzkegels genäht.

Der Kragen: Der Stoff wird wieder doppelt gelegt, als Oval geschnitten, dessen Durchmesser auf der langen Seite (Schulterstück) etwa 60 Zentimeter misst, auf der schmalen circa 30 Zentimeter. In die Mitte wird eine Öffnung zum Durchstecken des Kopfes geschnitten. Der Kragen hat vorn und hinten jeweils drei »Zungen«, circa 5 Zentimeter breit und 8 Zentimeter lang. Diese »Zungen« werden vom Außenrand her in das Oval geschnitten. Der Abstand von der mittleren »Zunge« zu den äußeren »Zungen« beträgt circa 12 Zentimeter. Die beiden Stoffteile werden zusammengenäht, in die »Zungenspitzen« werden kleine Steine eingenäht, damit der Kragen gut anliegt.

Eine einfache, aber durchaus wirksame Variante für die Kopfbedeckung der »Frau von Cholula« ist es, aus Filz einen spitzen Hut zu formen, einer Zuckertüte ähnlich. Die Kanten können aneinandergeklebt, -genäht oder -getackert werden.

Die Kappe des »Mannes von La Tolita«
Material: Stoff, Steinchen, Styropor.

Aus dehnbarem Stoff wird eine eng anliegende Kappe genäht, die über die Ohren geht (ähnlich einer Babymütze). Es werden zwei »Ohren« aus doppelt gelegtem Stoff genäht, circa 15 Zentimeter lang, 6 Zentimeter breit. In diese »Ohren« werden einige kleine Steine gegeben, die »Ohren« werden circa 5 Zentimeter über den richtigen Ohren auf die Kappe aufgenäht. Eine Art »Hahnenkamm« wird oben auf die Kappe aufgenäht, circa 7 Zentimeter vom Stirnrand entfernt. Für diesen »Hahnenkamm« wird ein etwa 1,5 Zentimeter dickes Stück Styropor mit einer Grundkante von circa 8 Zentimeter Länge geschnitten, die Höhe der geraden Seite beträgt circa 3 bis 4 Zentimeter. Die Styroporform wird mit Stoff überzogen und auf die Kappe aufgenäht.

Diese Beispiele sollen Sie dazu anregen, sich die Originalabbildungen der Rituellen Körperhaltungen daraufhin anzusehen und zu erproben, ob die Nachstellung eines rituellen Attributs das Erleben in der Trance verstärken kann. Am besten erfährt man etwas über die Wirkung eines rituellen Zubehörs, wenn die Haltung zum Vergleich einmal ohne und einmal mit Attribut erfahren wird.

Rituelle Körperhaltungen – Hintergrund, Abbildung, Beschreibung

*»Es gibt Welten, die man sieht,
und es gibt Welten, die man nicht sieht.
Und dazwischen gibt es Türen.«*

Nach William Blake

Alle in diesem Kapitel beschriebenen und abgebildeten Rituellen Körperhaltungen sind von Felicitas Goodman, Nana Nauwald und vielen Institutsmitarbeiterinnen erforscht. Sie ermöglichen die Aktivierung der eigenen Heilenergie unabhängig von der Zuordnung zu einem Erlebnismittelpunkt. Deshalb taucht die Benennung »Heilung« unter den Erfahrungsschwerpunkten nur auf, wenn die beschriebene Haltung erfahrungsgemäß ein außerordentlich starkes Heilerleben möglich macht.

Auch die trancetypischen Merkmale von Energetisierung und Hitze treten – immer abhängig vom jeweiligen körperlichen und seelischen Zustand der Person, die die Haltung einnimmt – in jeder Rituellen Körperhaltung auf. »Energetisierung« und »Hitze« werden als Erfahrungsschwerpunkte aber nur genannt, wenn sie auffällig intensiv in der Haltung vorkommen.

Jede der erforschten Haltungen kann mit der in der Vorbereitung zur Trance gestellten Frage zu einer »Wahrsagehaltung« werden, auch wenn die Haltung nicht ausdrücklich als solche bezeichnet ist. Die Absicht, die in das Ritual einer Körperhaltung getragen wird, kann das Erleben der Trance nachhaltig beeinflussen.

Es ist möglich, dass in einer Rituellen Körperhaltung im Erleben der Trance Eigenheiten und Merkmale der Kultur erfahren werden, aus der die Haltung stammt. Zum besseren Verständnis dieses Erlebens sind zu den Haltungen Hintergrundinformationen zu den entsprechenden Kulturen und ihrem geistigen Weltbild beigefügt.

Die afrikanischen Kulturen mit ihren hauptsächlich durch Tanz und rhythmische Bewegungen hervorgerufenen Trancen habe ich in diesem Buch nach langen Recherchen und langem Nachdenken – bewusst aus Achtung für diese Kulturen – nicht aufgenommen. Dafür wäre eine besondere Forschungsarbeit erforderlich, die sich mit den sehr unterschiedlichen und noch lebendigen afrikanischen Ritualwelten und Glaubensvorstellungen befasst.

Übersicht der Körperhaltungen

Aus der jüngeren Altsteinzeit Europas und Russlands
Die Frau vom Galgenberg, circa 30 000 v. u. Z., Österreich
Die Alte von Malta-Belaja, circa 21 000 v. u. Z., Irkutsk, Sibirien
Die Frau mit erhobenen Händen von Gargarino, circa 28000 bis
    20 000 v. u. Z., Russland
Die Frau von Willendorf, circa 25 000 v. u. Z., Österreich
Die Frau von Laussel, circa 28 000 bis 22 000 v. u. Z., Frankreich
Der Mann von Lascaux, circa 17 000 v. u. Z., Frankreich

Aus verschiedenen alten Kulturen
Die Bärenhaltung, circa 6000 v. u. Z. bis ins 19. Jahrhundert,
    fast alle Kulturen

Der Seelenbegleiter, circa 2000 v. u. Z. bis ins 19. Jahrhundert, fast alle Kulturen

Das Rufen der Geister, circa 1200 v. u. Z. bis ins 20. Jahrhundert, unter anderen Alaska, Nord- und Mittelamerika, Afrika, Europa

Der singende Schamane, circa 5000 v. u. Z. bis circa 1300, unter anderen Griechenland, Alaska, Mittelamerika, Sibirien

Die gefiederte Schlange, circa 6000 bis 2500 v. u. Z., unter anderen Mittelamerika, Peru, Bosnien, Sibirien, Dänemark

Die Geburtshaltung, circa 5000 bis 1600 v. u. Z., unter anderen Afrika, Europa, Nord- und Mittelamerika

Die Tschiltan-Haltung, circa 2000 v. u. Z. bis 700, unter anderen Alaska, Europa, Mittel- und Nordamerika

Das Rufen der Tiere, alte Jägerkulturen, Afrika, Australien, Europa, Russland, Nord- und Südamerika

Aus Nordeuropa

Der liegende Sami, Alter unbekannt, nordöstliches Gebiet von Finnland, Schweden und Norwegen

Cernunnos von Gundestrup, 2. bis 1. Jahrhundert v. u. Z., Dänemark

Die Schlangenfrau von Faardal, circa 800 v. u. Z., Dänemark

Der Nyborgmann, circa 500 v. u. Z., Dänemark

Die Schlangenfrau von Smiss, circa 400 bis 600, Schweden

Aus Mittel- und Osteuropa

Der Mann von Hirschlanden, circa 2500 v. u. Z., Deutschland

Die Frau von Morava, circa 4000 bis 3500 v. u. Z., Tschechien

Die Frau von Pazardzik, 4700 bis 4200 v. u. Z., Bulgarien

Die Frau aus Georgien, circa 300 v. u. Z., Georgien

Aus dem Mittelmeerraum

Die Vogelfrau von Priština, circa 4500 v. u. Z., Kosovo

Die Schlangenfrau von Kato Ierapetra, circa 4500 bis 5000 v. u. Z., Kreta

Die Mohnfrau von Gazi, circa 1350 v. u. Z., Kreta

Die Vogelfrau von Thessalien, circa 6000 v. u. Z., Griechenland

Die Sitzende von Naxos, circa 2700 bis 2600 v. u. Z., Griechenland
Die Stehende von den Kykladen, circa 2300 v. u. Z., Griechenland
Die Frau von Baza, 600 v. u. Z., Spanien
Tanit, circa 300 bis 400 v. u. Z., Ibiza
Die Frau von Gran Canaria, circa 500 v. u. Z. bis 1500, Spanien
Die Statuette von Xaghra, circa 3500 v. u. Z., Malta
Die Frau von Hacilar, 5600 v. u. Z., Anatolien
Die Frau von Tell Halaf, circa 5500 v. u. Z., Syrien

Aus Nordamerika
Der Adena-Pfeifenkopf, circa 500 v. u. Z. bis 100, Ohio
Der Hopewell-Mann, circa 100 v. u. Z. bis 400, Ohio
Das Paar von Etowah, circa 900 bis 1500, Georgia
Der Wahrsager von Tennessee, circa 800, Tennessee

Aus Mittelamerika
Der tätowierte Jaguar, 1400 bis 400 v. u. Z., Mexiko (Olmeken)
Der stehende Jaguarmensch, circa 900 bis 600 v. u. Z., Mexiko
   (Olmeken)
Der kauernde Jaguarmensch, 1000 bis 500 v. u. Z., Mexiko
   (Olmeken)
Der olmekische Prinz, circa 1100 bis 600 v. u. Z., Mexiko (Olmeken)
Der olmekische Wahrsager, 900 bis 500 v. u. Z., Mexiko (Olmeken)
Das olmekische Kind, circa 1100 bis 900 v. u. Z., Mexiko
   (Olmeken)
Die Skelettfrau von Santa Cruz, 1200 bis 900 v. u. Z., Mexiko
   (Olmeken)
Die Frau von Tlatilco, circa 1300 bis 700 v. u. Z., Mexiko
Der Maya-Mann, 400 bis 600, Mexiko
Die Pfeifenfrau von Jaina, circa 600 bis 900, Mexiko
Die Frau von Cholula, 700 v. u. Z. bis 1300, Mexiko
Die Frau von El Zapotal, circa 600 bis 900, Mexiko
Der Vogelmann von Veracruz, circa 100 bis 900, Mexiko
Der Schamane von Colima, circa 500 v. u. Z. bis 300, Mexiko
Die stehende Frau von Jalisco, 200 v. u. Z. bis 350, Mexiko
Die Sitzenden von Jalisco, 200 v. u. Z. bis 350, Mexiko
Die Frau von Atotonilco (Jalisco), circa 0 bis 250, Mexiko

Die Dreizehn-Schlangen-Göttin, circa 400 bis circa 600,
    Mexiko (Zapoteken)
Der Zapoteke von Monte Albán, circa 150 v. u. Z. bis 100,
    Mexiko (Zapoteken)
Tlazolteotl, 600 v. u. Z. bis 1200, Mexiko (Azteken)
Xochipili – der Blumenprinz, circa 1300 bis circa 1520,
    Mexiko (Azteken)

Aus Südamerika
Der sitzende Puma von Tiwanaku, circa 1500 v. u. Z. bis 1200,
    Bolivien
Der Mann von La Tolita, 300 v. u. Z. bis 800, Ecuador
Der Machalilla-Mann, circa 1500 bis 1200 v. u. Z., Ecuador
Der Moche-Fuchs, circa 400, Peru
Der Moche-Jaguar-Schamane, circa 400, Peru
Die Seherin der Moche, circa 400, Peru
Der Moche-Fingerhirsch, circa 200, Peru
Der Moche-Zungenhirsch, circa 500, Peru

Körperhaltungen aus verschiedenen Regionen und Zeiten

___Aus der jüngeren Altsteinzeit Europas und Russlands

Renate Vetter

Die Fragen »Woher kommen wir? Wohin gehen wir?« führen uns
auch in die Geschichte der Menschwerdung. Verbunden mit der
Entwicklung zum Menschen sind zum Beispiel der aufrechte Gang,
die Sprachentwicklung, der Umgang mit Werkzeugen und die Fähigkeit, sich künstlerisch auszudrücken. All diese Befähigungen
hatten die Menschen vor 40 000 Jahren längst erlernt und nach und
nach ihr Können verfeinert. Sie hatten bereits so viel Erfahrung mit
dem Schnitzen von Mammutelfenbein, Knochen und anderem gesammelt, dass sie eine Flöte herstellen und Tier- und Menschenge-
stalten ausdrucksvoll anfertigen konnten.

Einige dieser Arbeiten hat die Erde bis heute bewahrt. Immer
wieder werden neue Funde ausgegraben, und wir können das Bild,

das wir von unseren Vorfahren haben, verändern und erweitern. Demnach lebten die Menschen der Altsteinzeit als Jäger und Sammlerinnen in der von der Eiszeit geprägten Landschaft. Sie bewohnten Zelte und feststehende Behausungen, Höhlenvorplätze, Felsvorsprünge und Felsnischen. Die Höhlen selbst wurden eher vorübergehend im Winter und im Frühjahr genutzt. Spätestens in der jüngeren Altsteinzeit, dem Jungpaläolithikum (40 000 bis 8000 v. u. Z.), und vermutlich auch schon früher nähten sie sich Kleidung und schmückten sich. Tote wurden bestattet und erhielten Grabbeigaben. Sie gingen auf Fischfang, jagten Klein- und Großtiere der Steppe und sammelten pflanzliche Nahrung.

Die Eiszeit wurde immer wieder von Warmzeiten mit günstigen Klimabedingungen unterbrochen. In Europa waren die eisfreien Gebiete mit fruchtbaren Tundren und Steppen bedeckt, in denen Wildpferde, Wisente, Mammute, Löwen, Wollnashörner, Hirsche, Rentiere, Bären, Füchse, Hasen und viele andere Tiere Nahrung fanden.

Der Höhepunkt der letzten Eiszeit war vor ungefähr 20 000 Jahren, als die Temperaturen erneut sanken und die Gletscher weite Teile des Festlands bedeckten. Diese Eismassen veränderten das Klima auf der gesamten Erde radikal. Der Meeresspiegel sank durch die Eisbildung und lag 100 bis 200 Meter tiefer, das Meer war dadurch von großen Landbrücken durchzogen. Vor etwa 13 000 Jahren stiegen die Temperaturen wieder an, und das schmelzende Eis überflutete die Landbrücken und die Küstenregionen. Die veränderten Klima- und Umweltbedingungen kennzeichnen das Ende des Jungpaläolithikums und den Übergang zur Mittleren Steinzeit (8000 bis 4000 v. u. Z.). Wälder überwucherten die Grassteppen und Heidegebiete, und eine Reihe von Tierarten starb in dieser Zeit aus, darunter das Mammut und das Wollnashorn. Dafür kehrten die Vertreter der warmen Waldfauna, zum Beispiel Wildschweine und Rehe, nach Mitteleuropa zurück.

Die jüngere Altsteinzeit wird nach der Entwicklung und Herstellungstechnik von Steinwerkzeugen unterteilt in Aurignacien (circa 43 000 bis 25 000 v. u. Z.), Gravettien (circa 25 000 bis 18 000 v. u. Z.) und Magdalenien (circa 18 000 bis 8000 v. u. Z.).

Die ältesten figürlichen Darstellungen sind etwa 35 000 Jahre alt und stammen aus dem Aurignacien. Dazu gehören zum Beispiel die im Jahr 2008 gefundene Frau vom Hohle Fels bei Schelklingen, der Löwenmensch vom Hohlenstein-Stadel (Deutschland, Schwäbische Alb) und die »Fanny« von Galgenberg (so nennen Österreicher liebevoll ihre kleine Schieferskulptur). Die Fundorte mit Menschendarstellungen ab dem Gravettien erstrecken sich in einem breiten Gürtel von den Pyrenäen über Frankreich, Mittel- und Osteuropa bis nach Sibirien. Sie stellen überwiegend Frauen dar; manche sind in ihrer Aussage zweigeschlechtlich und mehrdeutig. Sie sind oft naturgetreu, aber nicht naturidentisch gestaltet, mit einer starken körperlichen Präsenz. Die jüngeren Figuren des Magdalenien sind abstrakter gehalten.

Bei der Arbeit mit den altsteinzeitlichen Figuren fasziniert immer wieder die starke und vielfältige Ausdruckskraft, ihre Zentriertheit und direkte Körperlichkeit. Die jeweiligen Haltungen werden oft als körperlich sehr anstrengend empfunden. Das mag einerseits mit unserer jetzigen Kondition und andererseits mit der starken innewohnenden Energie der Haltung zusammenhängen. In der Trance wird häufig eine Ruhe und wohltuende Weite erfahren, und man kann von einer sehr kraft- und machtvollen Energie durchströmt werden, was sich zum Beispiel durch große Hitze bemerkbar macht. In der Trance werden wir aufgefordert und angeregt, mit dem Fluss des Lebens zu sein; sich zu gebären, zu reifen, sich zu wandeln und abzusterben, sich aufzulösen. Es impliziert viel Wissen um die Geheimnisse und die Zyklen des Lebens und Sterbens. Themen sind Sexualität, lustvolles Körpererleben und Sinnlichkeit; Kommunikation und Begegnung mit Weiblichkeit und Männlichkeit in sich und um sich; Zeugung, Geburt, Übergang in neue Reifephasen und Tod. Geburtsrituale werden gefeiert, um ein neues Wesen zu empfangen, es ins Leben gleiten zu lassen und um es mit der Erde und der Gemeinschaft zu verbinden. Die Verbindung zur Erde und zum Himmel, das Fließen der Energien von oben nach unten und von unten nach oben sind sehr wichtig: der Mensch als Mittler zwischen dem Kosmischen und dem Irdischen. Polaritäten können sehr deutlich erfahren werden, und immer wieder geht es um deren Integration und die Erfahrung von Einssein.

Als sehr heilsam wird in den Körperhaltungen der Altsteinzeit die Versöhnung mit dem Frausein und der eigenen Körperlichkeit beschrieben. Es ist, als ob eine Bündelung der weiblichen Kraft stattfände.

Die Frau vom Galgenberg
Circa 30 000 v. u. Z., Österreich

Zum kulturellen Hintergrund
Diese bislang älteste steinerne Reliefplastik der Altsteinzeit wurde 1988 bei Ausgrabungen am Galgenberg bei Stratzing/Krems an der Donau von Dr. Christine Neugebauer-Maresch gefunden. Die Statuette ist 7,2 Zentimeter groß, 0,7 Zentimeter dick und aus grünem, glänzendem Schiefer gearbeitet. Sie wurde in sieben Stücken zerbrochen gefunden. In ihrer Nähe lag auch Schieferschnitzabfall, sodass vermutet werden kann, dass die Figur an Ort und Stelle gefertigt wurde.

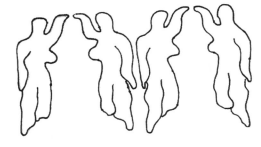

Die »Frau vom Galgenberg« unterscheidet sich von den bislang gefundenen, vollschlanken und in eher ruhender Position dargestellten Statuetten des Gravettien durch ihre schmale Körperform und die Darstellung in Bewegung. Ihre auffällige Körperhaltung lässt auf den Zustand einer aktiven Handlung im kultisch-religiösen Bereich schließen, möglicherweise auch auf einen Tanz.

Körperhaltung
- Stehend, die Fußfersen circa eine Handbreite auseinander.
- Das linke Bein ist gerade durchgestreckt. Der linke Fuß weist schräg nach außen.
- Das rechte Bein ist im Knie leicht gebeugt, der rechte Fuß zeigt geradeaus.

- Das Körpergewicht liegt auf dem linken Bein.
- Der linke Arm ist gerade gestreckt, die Hand bildet mit geschlossenen Fingern eine flache Schale.
- Der linke Arm wird seitlich so hoch gestreckt, dass der Winkel zwischen dem Hals und dem Arm circa 37 Grad beträgt.
- Der Kopf wird so nach links gedreht, dass der Blick auf die linke Handfläche gerichtet ist.
- Der rechte Arm steht seitlich angewinkelt vom Oberkörper ab, die Hand liegt am Körper an.
- Die rechte Hand hält einen Stock, der dicht am Bein hinunter zur Erde weist. Der Zeigefinger liegt lang gestreckt auf dem Stock, zeigt nach vorn.
- Mund geschlossen (Erfahrungswert, da die Figur keinen Mund erkennen lässt).

Erfahrungsschwerpunkte
Klarheit, Würde, Stolz. Transformationsprozesse. Empfangen und Abgeben. Mittlerin zwischen den Welten.

Hinweis
Diese Haltung erfordert Erfahrung mit Trancehaltungen.

Die Alte von Malta-Belaja
Circa 21 000 v. u. Z., Irkutsk, Sibirien

Zum kulturellen Hintergrund
Renate Vetter

Am schroffen Steilufer des Flusses Belaja nahe dem Dorf Malta im Gebiet Irkutsk wurden die Reste eines paläolithischen Siedlungsplatzes ausgegraben. Es gelang aufgrund der Fundstücke, einige Behausungstypen zu rekonstruieren: zeltartige Sommerhütten, Erdhütten und ebenerdige Hütten mit massivem Fundament (Winterhütten). Geweihe von Rentieren, Stoßzähne und andere größere Knochen von Mammuts bildeten das Gerüst für die Hütten.

Außerdem wurden 24 Frauenfiguren aus Mammutelfenbein gefunden, die gut ausgearbeitet und sehr individuell gestaltet sind. Zwei der Figuren sind völlig mit parallelen Linien bedeckt, die vielleicht Pelzbekleidung darstellen. Dazu kommen viele Steinwerkzeuge und Schmuck, mit Ornamenten verzierte Knöpfe sowie verzierte Knochen und vieles mehr.

Die gefundenen Gegenstände aus Knochen und Stein befanden sich größtenteils in der Nähe des Herdes. Etliche Funde lagen in besonderen Verstecken, die in das Wandfundament und in die Nähe des Herdes eingelassen worden waren.

Auf der rechten Seite neben dem Herd wurden Gegenstände gefunden, die zum Leben der Männer gezählt werden: Jagdutensilien, Vogelfiguren. Auf der linken Seite waren die Gegenstände der Frauen aufbewahrt: Messer, Nadeln, Ahlen, Schmuck und weibliche Statuetten.

Eine Besonderheit sind auch die Vogelfiguren von Malta. Sie zeigen Vögel, vielleicht Eiderenten, während des Flugs mit gestreckten Hälsen und ausgebreiteten Flügeln. Vögel wie Enten, Gänse und Schwäne hatten sicher eine besondere Bedeutung, denn ihre Ankunft im Frühjahr kündete vom Ende des Winters und der Wiedergeburt des Lebens.

Am Ortsrand der Siedlung wurde das Grab eines Kindes gefunden. Es war mit roter Farbe bemalt und reich geschmückt mit einem Diadem und einem Halskollier aus Perlen und Anhängern aus Mammutelfenbein, mit einem Armband, einer verzierten Platte und Vogelfiguren. Auch Werkzeuge aus Stein und Knochen wurden mit ins Grab gegeben.

(Foto von Renate Vetter)

Körperhaltung

- Stehend. Die Beine dicht zusammenhalten. Die Knie leicht gebeugt. Die Oberarme eng an den Oberkörper legen.
- Die Unterarme liegen so auf dem Bauch, dass die flach ausgestreckten Hände mit geschlossenen Fingern den Bauch halten.
- Die Hände berühren sich nicht.
- Den gerade gehaltenen Kopf und den Oberkörper aus der Hüfte heraus mit gerade gehaltenem Rücken nach vorn beugen. Den Kopf so halten, wie es sich aus dieser Beugung ergibt, nicht extra nach oben ausrichten oder nach unten beugen.

- Spannung in die Arme und Hände geben, Aufmerksamkeit auf die Berührung von Armen und Händen mit dem Körper.
- Der Mund ist leicht geöffnet.

Erfahrungsschwerpunkte
Große Hitze. Starke Energetisierung. Bewahren und Schützen des Lebens. Geborgenheit, Gelassenheit. Liebevolle Verbindung zu den Ahnen. Vögel.

Hinweis
Diese Haltung erfordert Erfahrung mit Trancehaltungen.

Die Frau mit erhobenen Händen von Gargarino
Circa 28 000 bis 20 000 v. u. Z., Russland

Zum kulturellen Hintergrund
Renate Vetter
Diese Statuette wurde 1927 in Russland am Oberlauf des Don entdeckt. Zusammen mit sechs anderen Frauenfiguren wurde sie in den Überresten einer paläolithischen Hütte geborgen. Sie ist im Original aus Mammutelfenbein, 56 Millimeter groß und gut erhalten. Die Oberschenkel und die Knie berühren sich, ab den Knien spreizen sich die Beine, die Füße fehlen. Die Ellbogen stützen sich auf den Brüsten ab und die Hände erheben sich zum Kinn. Dies ist in der paläolithischen Kunst eine sehr außergewöhnliche Darstellung. Der rechte Unterarm ist zwar abgebrochen, der linke jedoch vollkommen erhalten. Am Kopf trägt sie einen Kopfschmuck, eine Frisur oder Kappe, das Gesicht ist nicht herausgearbeitet.

Körperhaltung
- Aufrecht stehend, die Füße ungefähr hüftbreit auseinander. Mit den Knien etwas nach unten einsinken, sodass sich die Oberschenkel und Knie berühren.
- Die Arme anwinkeln und die Ellbogen im Abstand zueinander auf den Brüsten abstützen.

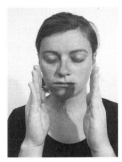

- Die Hände mit geschlossenen Fingern vor den unteren Teil des Gesichts halten. Die Hände sollen sich nicht berühren und haben circa 5 bis 10 Zentimeter Abstand voneinander.
- Den Kopf weit nach vorn strecken (wie eine Schildkröte), den oberen Rücken zu einem kleinen Buckel formen, dabei werden die Schultern nicht hochziehen, bleiben entspannt nach unten hängen.
- Der Mund ist leicht geschlossen.

Variante der Handhaltung
Die unterschiedlichen Möglichkeiten der Handhaltung bei dieser Statuette regen zum Experimentieren an:
- Werden die Handflächen zum Gesicht gehalten, verstärkt dies das Erleben großer Hitze und fördert ein Bilderleben mit der Qualität, »in einen Spiegel des Selbst und des Lebens zu schauen«.
- Werden die Handflächen mit Abstand parallel gehalten, sodass die Handflächen sich gegenüberliegen, wird eher eine »Abkühlung der Hitze« erfahren, der innere Blick und das Erleben weiten sich.
- Mit der Handhaltung können die Energie und die Perspektive des Bilderlebens gesteuert werden. Bei zu großer Hitze kann das Öffnen des Mundes Erleichterung verschaffen.

Erfahrungsschwerpunkte
Starke Hitze. Reinigung. Energie empfangen und weitergeben, Stärkung der Herzenergie. Transformationsprozess. Sehen, was ist. Segnung. Eine starke tiefe Kraft und Liebe zum Leben, zu allem, was ist. In Verbundenheit mit allem sein. Himmel und Erde berühren sich.

Hinweis
Diese Haltung erfordert Erfahrung mit Trancehaltungen.

Die Frau von Willendorf
Circa 25 000 v. u. Z., Österreich

Zum kulturellen Hintergrund
Karin Decker, Petra Reineke, Petra Kral
Die ursprünglich dick mit Rötel bemalte, 11 Zentimeter große Vollplastik aus Kalkstein wurde 1908 bei Willendorf (Niederösterreich) nahe der Donau entdeckt. In der Nähe der Fundstelle wurden auch die Reste einer Feuerstelle gleichen Alters gefunden.

Die Statuette wirkt in ihrer Darstellung wie eine reife Frau, die schon mehrere Geburten hinter sich hat. Die Frau von Willendorf ist aufgrund ihrer Darstellungsart sicherlich kein Abbild einer bestimmten Frau, sondern Ausdruck einer Idee, eines Prinzips – so wie es bei den anderen, üppigen Frauenfiguren der Altsteinzeit auch zu vermuten ist. Es ist das weibliche Prinzip der Weitergabe und Bewahrung des Lebens, der Verbindung der schöpferischen Kräfte des Menschen mit den schöpferischen Kräften der Natur.

Diese Statuette hat, wie die anderen zeitgleichen Frauenfiguren auch, keine ausgearbeiteten Waden und Füße. Auffällig bei der »Frau von Willendorf« ist, dass sie kein ausgearbeitetes Gesicht hat, aber eine fein gearbeitete »Kopfbedeckung«: Wie Ringe aus »Perlen« liegen sieben immer kleiner werdende »Ringe« auf ihrem Kopf, zwei halbe »Ringe« liegen in ihrem Nacken. In der Mitte des kleinsten Kopfrings ist ein »Mitten-Punkt« gesetzt. Auch hierzu gibt es Spekulationen: Vielleicht sind es sieben Planetenbahnen, die um die Sonne kreisen?

Diese Art der Darstellung des Kopfes mit verhülltem Gesicht ist auch bei anderen weiblichen Figuren der Altsteinzeit zu finden. Die

Verhüllung des Gesichts verstärkt den Eindruck von tiefer Versenkung nach innen, wo altes Körperwissen zur Verfügung steht und neues Leben kreiert und physisch sichtbar gemacht wird.

Die Frau von Willendorf – ein neuer Blick auf eine alte Dame
Petra Reineke

Die Vollplastik der »Frau von Willendorf« hat seit ihrer Auffindung nicht nur ordentliche Wissenschaftsgemüter erregt, sie war und ist immer noch ein sinnenfreudiger Anstoß zu Deutungen in alle nur denkbaren Richtungen. Sie hat schon so viele Bedeutungszuweisungen erfahren, dass sie es sicherlich weiterhin gelassen erträgt, wenn noch ein gewagter Blick auf sie geworfen wird.

Aus Erfahrung mit Körper- und Erdenergien habe ich mit einer kleinen Forschungsgruppe diesem nachgespürt: Die Skulptur wurde erschaffen in einer Zeit, in der die Menschen noch im Einklang mit der Natur und dem ihr innewohnenden Geist lebten. Die Gestaltung und Reflexion des Lebens und der menschlichen Entwicklung fand sicherlich über die Erfahrung und das intuitive Erkennen und Erschaffen statt.

Die Menschen wussten über ihre Beobachtungen und den geistigen Zugang zum »Geist der Erde« gewiss viel von der energetischen Matrix der Mutter Erde und den zyklischen, kosmologischen Gesetzen. Und sicherlich nutzten sie das erfahrende Potenzial dieser Kraftfelder für die Erhaltung und Entfaltung des persönlichen Lebens, der Gemeinschaft und des Lebensraums. In Stein gearbeitete Linienmuster, Gitter, Spiralen und Kreise zeugen von den Kenntnissen der Zusammenhänge des Lebens.

Die Frau von Willendorf reiht sich ein in eine umfassende Ansammlung ähnlich geformter, üppiger Frauengestalten, die im Jungpaläolithikum von Südfrankreich bis Sibirien erschaffen wurden. Ist sie nun eine künstlerische Idee, ein »Venus-Idol« – oder offenbarte sich die »Erdmutter« sogar selbst in dieser Gestalt im visionären Erleben den Seher und Seherinnen bei ihren

Reisen in ihr lebendiges Inneres? Die Verhüllung des Gesichts verstärkt den Eindruck von tiefer Versenkung nach innen.

Welche Bedeutung mag sie für die Menschen gehabt haben, war sie in Rituale eingebunden?

Bei der Erforschung der möglichen geistigen Information, die diese Statue vermitteln kann, haben wir mit verändertem Blick auch neue Inspirationen zum Umgang mit der Frau von Willendorf erfahren und sind einer dieser Inspirationen nachgegangen: Es ist es denkbar, dass die Frau von Willendorf bis zum Kopf in die Erde gesteckt wurde und ihre konzentrischen Ringe den Mittelpunkt eines rituellen Platzes markierten. Wir haben einen rituellen Platz in dieser Weise mit ihr erschaffen und waren sehr berührt davon, auf wunderschöne Weise die Darstellung der harmonischen Einheit von Universum und Erdmutter zu erfahren: sie innerhalb, als runder, fülliger, nährender Leib – über ihr der Himmel mit seinen kreisenden Sternen, und wir Frauen im Kreis um sie herum. Sicherlich ist immer noch die Information des Geistes, aus dem heraus »Die Frau von Willendorf« erschaffen wurde, in ihrer materiellen Gestalt erhalten – wenn wir sie durch unseren Geist im Ritual beleben und nähren und in unser heutiges Leben einweben.

In dieser Fülle von Spekulationen und Möglichkeiten bleibt die »Wahrheit der Erschaffung« weiterhin verborgen, doch offenbaren sich kraftvolle Aspekte und Einsichten in den Erfahrungen, zu denen die Rituelle Körperhaltung der »Frau von Willendorf« die Türen öffnet.

Körperhaltung
– Stehend. Füße leicht auseinandergestellt, die Knie und Oberschenkel berühren sich so, dass »X-Beine« geformt werden.
– Die Oberarme liegen dicht am Oberkörper an.

- Die Unterarme werden so gehalten, dass die Hände flach oberhalb der Brüste liegen. Finger zusammen, weisen zueinander, berühren sich nicht.
- Der Kopf ist nach vorn geneigt, der innere Blick geht zu den Brüsten.
- Der Mund ist leicht geschlossen (Erfahrungswert).

Erfahrungsschwerpunkte
Unerschütterliche, machtvolle Ruhe. Weitergabe und Bewahrung des Lebens. Verbindung der schöpferischen Kräfte von Mensch und Natur. Wandlung, Verwandlung. Sinnlichkeit. Hüterin des Wissens.

Hinweis
Druck mit den Händen auf das Brustbein und Zusammendrücken der Innenknie verstärken die Trance.

Die Frau von Laussel
Circa 28 000 bis 22 000 v. u. Z., Frankreich

Zum kulturellen Hintergrund
Nirgendwo sonst sind so viele Zeugnisse der frühen Menschen Europas gefunden worden wie in den Höhlen des Périgord in Südwestfrankreich – von circa 35 000 v. u. Z. bis zur Steinzeit.

Im Zuge der Grabungen unweit von Les Eyzies wurden 1908 sechs Steinblöcke mit Reliefdarstellungen ausgegraben, die sich in einer Gravettienschicht befanden. 1911 wurde der Kalksteinblock mit der Reliefdarstellung der »Venus mit dem Horn« gefunden. »Die Frau mit dem Horn« ist 47 Zentimeter groß, Gesichtszüge sind nicht erkennbar. Ob das zur Seite fallende »Haar« das Haar der Frau zeigen soll oder zu einem den Kopf bedeckenden Tuch gehört, ist nicht eindeutig bestimmbar. In der rechten Hand hält sie ein Tierhorn (Bison) wie eine Mondsichel, auf dem dreizehn Kerben eingeritzt sind. Die dreizehn Strichkerben zeigen die dreizehn Nächte an, die Zeit vom ersten Erscheinen der Mondsichel bis zum Vollmond. Auch horntragende Tiere wurden der Auslegung der Funde zufolge in dieser Epoche dem Mond zugeordnet.

Das Relief zeigt Reste einer Bemalung mit rotem Ocker, dem »Blut der Erde«. Die Bemalung, der Ort und die Art der Darstellung weisen auf eine rituelle Bedeutung im Zusammenhang mit dem geistigen Leben der damals dort lebenden Menschen hin. Ein Zusammenhang der »Frau mit dem Horn« als Ausdruck des Prinzips der ständig wiederkehrenden Erneuerung des Lebens, des Kosmos, ist ebenfalls naheliegend.

Wo genau sich dieses Relief in der Felswand der Höhle ursprünglich befand, ist nicht mehr zu sagen.

Körperhaltung
- Stehend, die Füße parallel. Die Beine so dicht zusammenhalten, das man noch einen guten Stand hat. Knie leicht gebeugt.
- Der rechte Arm steht seitlich vom Oberkörper so ab, dass der Unterarm im Winkel von circa 37 Grad zum Oberarm hin gebeugt ist. Die rechte Hand hält ein Tierhorn (oder etwas, was dem Umfang und der Festigkeit eines Tierhorns entspricht, zum Beispiel ein Stück Rundholz, eine Stoffrolle, eine Papprolle) so, dass die geschlossenen Finger nach vorn zeigen.
- Der Daumen umfasst das Horn hinten. Das Horn befindet sich etwa auf Schulterhöhe.

- Der linke Arm liegt so seitlich am Oberkörper, dass die ausgestreckte linke Hand mit gespreizten Fingern flach auf dem Bauch liegt. Der Mittelfinger weist schräg nach unten zwischen die Beine. Spannung in die Hand geben.
- Der Kopf wird geradeaus gehalten und zur linken (oder rechten) Schulter hin gedreht.
- Da die Statuette kein ausgearbeitetes Gesicht hat, kann nicht eindeutig gesagt werden, ob das Gesicht nach rechts oder nach links blickt. Die Erfahrung hat gezeigt, dass eine Wendung des Kopfs nach links am stimmigsten erscheint.
- Mund leicht geschlossen (ein Erfahrungswert, da das Gesicht nicht erkennbar ist). Rücken aufrecht.

Erlebnisschwerpunkte
Erneuerung des Lebens. Werden und Vergehen. Schöpferische Lebensfülle.

Der Mann von Lascaux
Circa 17 000 v. u. Z., Frankreich

Zum kulturellen Hintergrund
Das Périgord in Südwestfrankreich ist das »Land der tausend Höhlen«. Vor über 19 000 Jahren suchten sich Menschen eine der größten in den Hügeln von Lascaux im Dordognegebiet bei Montignac aus, um dort über lange Zeit hindurch umfangreich ausgemalte Ritualräume zu erschaffen. 1940 wurde die Höhle von vier Jungen und einem Hund entdeckt.

Die circa 600 Malereien und etwa 1500 Gravuren stellen nur Tiere dar, keine Pflanzen, keine Landschaften – und lediglich eine menschliche Gestalt, einen nackten Mann. Er findet sich in einem schwer zugänglichen Schacht, was die Vermutung zulässt, dass dieser Ritualraum im Schacht, der 8 Meter in die Tiefe geht, ein Raum für besondere Anlässe war, vielleicht für Initiationsrituale, vielleicht als rituelles Zentrum.

Der auf dem Rücken liegende, nackte Mann mit erigiertem Glied, vogelähnlichem Kopf, ausgestreckten Armen und Händen mit nur je vier Fingern liegt zwischen einem verwundeten Bison und einem lebendig dargestellten Nashorn. Die Vermutung, dass der Mann in einem direkten Zusammenhang mit dem links von ihm dargestellten Bison steht, ist seit den ersten Erforschungen dieser Rituellen Körperhaltung widerlegt. Die Malereien des Bisons und des Nashorns wurden später angefertigt als die des vogelköpfigen Mannes.

Der rechte, gerade durchgestreckte Arm liegt in einem Winkel von circa 37 Grad neben dem Körper. Der linke Arm ist etwas unterhalb der Schulterhöhe gerade ausgestreckt, in einem Winkel von etwa 74 Grad zum Körper hin gemessen. Links, unterhalb der rechten Hand, ist ein Stab mit einem Vogel dargestellt. Vogelkopf, steifer Körper und erigierter Penis erzählen vom Zustand einer Trance, vom »Flug des Schamanen«.

Der Vogelstab ist ein noch heute in einigen schamanischen Kulturen bekannter »Stab der Macht«, mit dem Schamanen in ihren Ritualen arbeiten.

Ob der Mann aus der Sicht der damaligen Künstler stehend oder liegend dargestellt wurde, ist nicht mit Sicherheit zu sagen. Daher ist auch die Anweisung aus den ersten Forschungen und Auflagen dieses Buches, dass die Haltung auf einem Brett eingenommen werden muss, das im Winkel von 37 Grad zur Erde hin aufgestellt ist, nicht mehr als einzige Möglichkeit zur Erfahrung dieser Haltung anzusehen. Es ist ebenso möglich, sie auf dem Boden liegend auszuführen.

Die Cro-Magnon-Menschen von Lascaux führten ein Leben als jagende Halbnomaden, wahrscheinlich lebten sie in großen Familienverbänden. Viele gefundene Gegenstände, darunter etwa hundert Öllampen aus Sandstein, bezeugen, dass die Höhle von Lascaux eine vielbesuchte Kultstätte war.

War es eine Stätte für den Kontakt zu den nichtsichtbaren Welten – wie in unseren heutigen Kathedralen? Arbeiteten dort die »Mittler« zwischen den Welten, um den Geist der Tiere zu beschwören und Segen für die Jagd zu erlangen? Wurden vor den Bildern jahreszeitlich ausgerichtete, der Verbindung mit den Kräften der Natur und der Geister dienende Kulthandlungen vollzogen?

Es ist sehr wahrscheinlich, dass in der Höhle die geistigen und die dem alltäglichen Überleben dienenden Beziehungen zwischen Mensch, Umwelt und Kosmos rituellen Ausdruck fanden.

Unsere frühen Ahnen lebten in einer gefahrvollen Welt inmitten einer unendlich üppigen Fauna, unter gewaltigen Tieren, sodass sie sich ihnen sicherlich nicht überlegen fühlten. Im Gegenteil, die meisten Tiere waren den Menschen gegenüber in Hinblick auf Überlebensstrategien weit im Vorteil. So lernten die frühen Ahnen von den Tieren. Sie sahen sie als »Verwandte« an, die lediglich zu anderen »Stämmen« gehörten.

Diese Empfindung der Verwandtschaft von Mensch und Tier zeigt die Unabhängigkeit von der Anhaftung an die äußere Erscheinungsform auf. Mensch und Tier wurden als »Geist vom großen Geist« angesehen.

Vielleicht war der Schacht, in dem der »Mann von Lascaux« im Zustand einer Trance auf die Wand gemalt wurde, ein Ort des »innersten Wissens«. Ein verborgener Ort, an dem Schamanen oder andere für das geistige Wohl der Gemeinschaft verantwortliche Menschen in die Begegnung von »Geist mit Geist« gingen.

Körperhaltung
- Flach auf dem Rücken liegen, die Beine dicht zusammenhalten, die Knie durchgedrückt. Die Füße stehen nur auf den Fersen auf, weisen schräg ausgestreckt in die Luft.
- Spannung in die Fersen geben.
- Der rechte, gerade durchgestreckte Arm liegt in einem Winkel von circa 37 Grad (im Verhältnis zum Oberkörper) neben dem Körper auf. Die Finger der rechten Hand sind gespreizt, die Handfläche liegt auf dem Boden auf.
- Der linke Arm liegt gerade durchgestreckt so neben dem Körper auf, dass der gestreckte Arm in einem Winkel von circa 74 Grad

zum Körper hin liegt. Die Finger der linken Hand sind gespreizt, die Hand liegt auf dem Boden auf.
- Der Kopf ist nach links gedreht, wird leicht angehoben.
- Mund leicht geschlossen (Erfahrungswert).

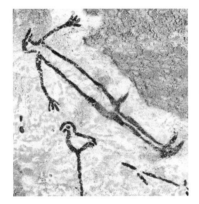 

Variante
Gleiche Körperhaltung wie oben, aber auf einem Brett liegend, das im Winkel von etwa 37 Grad zum Boden aufliegt.

Erlebnisschwerpunkte
Bereisen der oberen Welt. Flugerleben. Vögel. Initiationsprozess – Wandlung, Verwandlung. Distanziertes Erkennen »dessen, was ist«.

Hinweise
Das Tragen einer »Vogelmaske« kann das Erleben in der Trance zentrieren. (Die Beschreibung einer Vogelmaske finden Sie auf Seite 80).
   Diese Haltung erfordert Erfahrung mit Trancehaltungen.

Aus verschiedenen alten Kulturen

Die Bärenhaltung
Circa 6000 v. u. Z. bis ins 19. Jahrhundert, fast alle Kulturen

Zum kulturellen Hintergrund
Darstellungen dieser Haltung wurden in fast allen Kulturen gefunden, die älteste ist circa 8000 Jahre alt.

Felicitas D. Goodman hat diese Haltung nach einer Holzschnitzerei des Volkes der Kwakiutl (Nordwestküste Kanadas) »Haltung des Bärengeistes« genannt. Diese Holzfigur zeigt einen klein dargestellten Menschen, hinter dem ein riesiger Bär hockt, der den Menschen schützend zwischen seinen Beinen und Unterarmen hält. In vielen anderen Kulturen wurde diese Haltung auch ohne die Darstellung eines Bären gefunden. Aus Kulturen in Gegenden, in denen es keine Bären gab, kennen wir diese Haltung ebenfalls. Ob die Abbildung aus einer »Bären-« oder aus einer »bärenlosen Kultur« stammt, macht im Erleben in der Trance keinen wesentlichen Unterschied.

Der Bär ist eines dieser Tierwesen, deren besonderes Verhältnis zu den Menschen eine Spur hinterlassen hat, die uns weit zurückführt in das geistige Feld unserer europäischen Schamanen-Ahninnen: Groß, stark und klug als Tier und als Lehrer und Helfer

in sichtbaren und nichtsichtbaren Welten, ist er über Jahrtausende hindurch Schamaninnen in Europa, Sibirien, Zentralasien und Nordamerika ein brüderlich-schwesterlicher Verbündeter und Mittler zwischen den Welten.

In Anatolien wurden 10 000 Jahre alte Abbildungen von Bären gefunden, aus Mesopotamien sind circa 6000 Jahre alte kleine Statuetten in Bärengestalt bekannt. Artemis erscheint in der Tradition der »Großen Göttin« des neolithischen Südosteuropas als Nährmutter in Bärengestalt.

Der Bär wurde in der Frühzeit der Menschen als der Gefährte der Großen Mutter angesehen, denn wie sonst wäre es möglich gewesen, dass sie ihn so bereitwillig im Winter in ihrem Erdschoß aufnahm? Geht er nicht träge und vollgefressen mit den Früchten der Erde im späten Herbst zu ihr in die Erde und schläft an ihrer Seite den langen Winter hindurch? Schenkt ihm die Erdmutter nicht in der Mitte des Winters in der Dunkelheit der Höhle Bärenkinder. Und kommt nicht der Bär im beginnenden Frühling verjüngt und vermehrt wieder an das Sonnenlicht?

Es bedarf nur der genauen Beobachtung, keiner Religionen oder Philosophien, um in diesem »Bärenvorgang« den Kreislauf allen Werdens, Wandelns und Vergehens zu erkennen, dessen Anfangs- und Endpunkt die Große Mutter ist. Es ist leicht zu verstehen, warum in dem Gefährten der Erdmutter überall dort, wo der Bär zu Hause ist, in ihm von alter Zeit her mehr als nur ein Tier gesehen wurde. Das ist besonders in den nördlichen Gebieten unserer Erde so, in denen der Bär oft als Stammvater oder Stammmutter der Menschen angesehen wird. »Großväterchen«, »Honigtatze«, »Honigesser«, »Mutter«, »Pelzgreis«, »Kluger Vater«, »Kluger Alter«, »Mächtiger Herr« – das sind nur einige der Namen, mit denen der Bär bei sibirischen und nordischen Völkern genannt wird. Den eigentlichen Namen des Bären in seiner Bedeutung als »Herr der Tiere«, »Herr des Waldes und der Berge«, »Kosmischer Sonnenjäger« auszusprechen, war in den alten Jägergemeinschaften ein Tabu. Zu groß war die Ehrfurcht vor der allgegenwärtigen und alle Welten durchdringenden Macht des Gefährten der Großen Mutter, des himmelbewohnenden Jägers der Sonne, des »Großen Bären«.

Nicht nur die Völker Sibiriens und Nordamerikas sehen in ihm ihren Ahnen, auch die nordeuropäischen Goten und Dänen legten Wert darauf, Nachkommen eines Bärenahnen zu sein. Das englische Wort *forebears* – Vorväter – trägt den Bären in seiner Bedeutung »Ahne« noch in sich, so wie auch das Wort für »Bär« – *the bear* – das gleiche ist wie für »gebären«: *to bear*. Auf die Zusammenhänge zwischen »Bär« und »bären« in der Bedeutung von »Frucht tragen, zeugen, gebären« weisen auch die Brüder Grimm in ihrem *Deutschen Wörterbuch* hin.

Körperhaltung
- Stehend, die Füße parallel, circa 15 Zentimeter auseinander. Die Knie sind leicht gebeugt, und die Oberarme liegen locker am Oberkörper.
- Die Hände werden so zu einer Faust geformt, als würde die Faust ein kleines Ei umfassen.
- Die Daumen liegen auf der Faust, nebeneinander.
- Die Fäuste liegen so über dem Bauchnabel, dass sich nur die Knöchel der Zeigefinger berühren und so die Spitze eines nach unten geöffneten Dreiecks bilden.
- Der Bauchnabel liegt in diesem Dreieck.
- Die Fäuste mit Spannung an den Körper legen.
- Der Kopf wird so weit in den Nacken gelegt, wie es leicht möglich ist.
- Der Mund ist geöffnet.
- Der Rücken ist aufrecht.

Erfahrungsschwerpunkte
Starke Energetisierung, Hitze. Aktivierung von Heilprozessen. Erneuerung. Initiationserleben. Schutz. Geborgenheit. Vertrauen in das Leben. Bären.

Hinweise
Diese Haltung eignet sich besonders gut für die Aktivierung von Heilprozessen und für erste Erfahrungen mit den Rituellen Körperhaltungen.

Die Haltung kann auch auf den Fersen kniend, auf einem Stuhl sitzend oder auf dem Boden liegend durchgeführt werden.

Beim Liegen sollten Kissen oder gerollte Decken so unter die Knie geschoben werden, dass die Knie im Liegen leicht hoch stehen. Eine gerollte Decke im Nacken hilft, den Kopf nach hinten fallen zu lassen.

Ein Kissen unter den Ellbogen ermöglicht es, die Unterarme und Fäuste auf den Körper zu legen.

Der Seelenbegleiter
Circa 2000 v. u. Z. bis ins 19. Jahrhundert, fast alle Kulturen

Zum kulturellen Hintergrund
Heute noch ist es in vielen der im Schamanismus lebenden indigenen Gemeinschaften die Aufgabe der Schamanin, der Seele des Verstorbenen zu helfen, an »ihren Platz« in der Jenseitswelt zu kommen. So gehört beispielsweise in einigen Kulturen Nepals zur Arbeit des Schamanen herauszufinden, wohin die Seele des Sterbenden gern gehen möchte – ob sie in Pflanze, Element, Tier oder Mensch leben möchte. Beim Volk der Shipibo im Amazonasgebiet Perus ist es zum Beispiel eine wichtige Aufgabe des Schamanen, im Todesfall herauszufinden, was oder wer den Tod verschuldet hat, um das durch den Verursacher des Todes gestörte Gleichgewicht in der Gemeinschaft wiederherzustellen.

Wie immer sich der Schamane oder die Schamanin auch das Bewusstsein verändert, um »sehen« zu können und aufgrund des Gesehenen die richtigen Dinge für den Verstorbenen zu tun – immer ist diese Arbeit mit »Klang« verbunden.

Auch die Klageweiber, die bis vor nicht allzu langer Zeit eine wichtige Rolle bei Todesritualen in Europa spielten und in vielen arabischen und afrikanischen Ländern immer noch diese wichtige, Arbeit ausführen, setzten und setzen die heilsame und mächtige Wirkung der Stimme, des Klangs ein. Nicht nur um die Trauer für alle lebenden Ohren hörbar in die Welt zu tragen und durch das Tönen das Herz leicht zu machen, sondern vor allem auch, um mit dem Klang eine »Brücke« zwischen der Welt der Lebenden und der der Toten zu bilden. Über diese Brücke finden die Seelen der Verstorbenen ihren Weg in ihre geistige Heimat.

Körperhaltung
- Stehend, Rücken aufrecht, der Oberkörper ist leicht nach hinten gebeugt (Hohlkreuz). Die Füße stehen parallel hüftbreit auseinander, Knie leicht gebeugt.

- Die Hände liegen mit aneinanderge-
  schlossenen Fingern über den Ohren
  auf dem Kopf auf, jedoch nur mit den
  Fingern. Spannung in die Finger geben.
  Die Handfläche liegt nicht am Kopf auf.

- Die Arme stehen seitlich vom Kopf wie
  »Henkel« ab, die Ellenbogen sind nach
  hinten gestreckt.
- Den Kopf leicht anheben.
- Der Mund ist weit geöffnet.
- Während der Trance wird ein »Aaa«-Laut intoniert.

Erfahrungsschwerpunkte
Begleitung der Seelen Verstorbener. Kontaktaufnahme zu den Seelen Verstorbener. Klang als »Brücke«, über die Verstorbene in ihre Welt gehen. Große Hitze im Kopf-Nacken-Bereich.

Hinweise
Diese Haltung erfordert Erfahrung mit Trancehaltungen. Diese sehr tief berührende Haltung sollte nicht allein ausgeführt werden.

Je weiter die Ellbogen nach hinten gestreckt werden, desto intensiver ist das Klangerleben.

Das Tönen mit geöffnetem Mund sollte nicht forciert werden, sondern sich ohne Anstrengung behutsam entfalten.

Das Rufen der Geister

Circa 1200 v. u. Z. bis ins 20. Jahrhundert, unter anderen Alaska, Nord- und Mittelamerika, Afrika, Europa

Zum kulturellen Hintergrund

Die Bedeutung der Bezeichnung »Geister« ist abhängig von der jeweiligen Kultur. Für uns in Mitteleuropa mit unserem durch Christentum und Wissenschaft geprägten kulturellen und gesellschaftlichen Hintergrund empfehle ich, sich in der Vorbereitung zu dieser Haltung nicht auf eine Vorstellung von »Geistern« zu konzentrieren, sondern auf »Geist« als eine geistige Qualität, mit der man sich verbinden will.

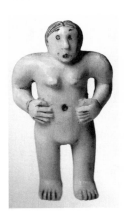  

Körperhaltung

- Stehend, Füße parallel, circa 15 Zentimeter auseinander. Knie leicht gebeugt. Die Arme stehen steif seitlich vom Körper ab wie »Henkel«.
- Die Finger werden weit gespreizt.
- Die Hände werden so auf den Unterkörper gelegt, dass die Mittelfinger in der Leiste zwischen Oberschenkel und Unterleib liegen. Spannung in die Hände geben.
- Rücken aufrecht halten.
- Der Kopf wird leicht in den Nacken gelegt.

- Der Mund ist weit geöffnet. (Es kann während der Trance ein Ton entstehen.)

Erfahrungsschwerpunkte
Reinigung. Klärung. Verbindung mit dem eigenen und dem kosmischen Netz der Lebensenergien. Verbundenheit mit der Gemeinschaft. Durchqueren der Welten.

Hinweis
Das Tönen in Haltungen mit geöffnetem Mund sollte nicht forciert werden, sondern sich ohne Anstrengung behutsam entfalten.

Der singende Schamane
Circa 5000 v. u. Z. bis circa 1300, unter anderen Griechenland, Alaska, Mittelamerika, Sibirien

Zum kulturellen Hintergrund
Da es Zeugnisse dieser Körperhaltung aus mehreren Kulturen gibt, ist keine für alle gültige kulturelle Hintergrundinformation möglich.

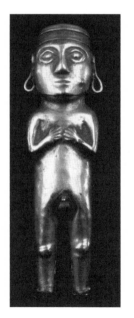

Eine ihr Leben bestimmende intensive Verbindung zum Geist der Natur kennzeichnet diese Kulturen.

Körperhaltung
- Stehend. Füße parallel, circa fußbreit auseinander. Knie leicht gebeugt. Die Oberarme liegen seitlich eng am Oberkörper an.
- Die Hände werden zu lockeren Fäusten geformt, die Daumen liegen auf den Fäusten. Die Fäuste werden V-förmig so auf das Brustbein gelegt, dass sich nur die kleinen Knöchel der kleinen Finger berühren. Die Fäuste liegen auf der Höhe der Thymusdrüse eng auf.
- Den Kopf leicht in den Nacken legen.
- Der Mund wird weit geöffnet.

- Während der Trance kann sich ein Ton entfalten – ein »Aaah« oder »Uuuh« ist als Laut in dieser Haltung am stimmigsten.
- Rücken aufrecht.

Erlebnisschwerpunkte
Reinigung, Regeneration. Verzehren und Transformieren von »energetischem Müll«. Stark energetisierend – »Sonne in der Brust«.

Hinweise
Es ist ratsam, den Ton »Aaah« nicht zu forcieren, sondern ihn sich langsam aus dem Körper heraus entwickeln zu lassen, sodass er zu einem »eigenen« Ton wird.

Anstelle eines »Aaah« kann auch ein »Uuuh« getönt werden: Das »Aaah« bewirkt häufig das Erleben von »etwas durch den Klang aufnehmen, durch sich durchfließen lassen und transformiert wieder abgeben«. Ein »Uuuh« als Klang verstärkt das Erleben des »Energie-Aufbaus«.

Die Haltung ist auch wirksam ohne Ton, ohne Stimm-Klang.

Den Kopf leicht in den Nacken zu legen, öffnet den Kehlkopf.

Eignet sich besonders gut für die Aktivierung von Heilprozessen.

Die gefiederte Schlange
Circa 6000 bis 2500 v. u. Z., unter anderen Mittelamerika, Peru, Bosnien, Sibirien, Dänemark

Zum kulturellen Hintergrund
Figuren in dieser Haltung wurden in vielen Kulturen gefunden: als kleine Bronzefiguren in Dänemark, als weibliche Tonfigur mit Vogelmaske in Bosnien, auf einer Felszeichnung in Sibirien, als präkolumbische Tonfiguren in Peru und Mittelamerika.

In vielen Mythen der alten Kulturen durchquert eine gefiederte Schlange den Kosmos und verbindet das Wasser, die Erde, das

Feuer und die Luft. Auch die mythischen Drachen sind Varianten der »Gefiederten Schlange« und vereinen in ihrer Gestalt die Gegensätzlichkeiten von Körper und Geist, von Leben und Sterben. Schlangen und auch mythische Drachen zeichnen sich vor allen anderen Wesen dadurch aus, dass sie sich durch Häutung immer wieder erneuern können. In alten Zeiten galt die Schlange aufgrund ihrer Häutung symbolisch als unsterblich. Die altgriechische Bezeichnung für ihre abgelegte Haut ist *geras*, was zugleich »Alter« beziehungsweise »ewiges Leben« bedeutete. Dieser Wortstamm ist in der »Geriatrie«, der Altersmedizin, noch heute auszumachen.

Quetzalcoatl.

Gefiederte Schlangen waren von großer Bedeutung im geistigen Leben der präkolumbischen Kulturen Mittelamerikas (Tolteken, Maya, Kukulcan, Itzamna): »Grünfederschlange« oder »Schlange mit den kostbaren Federn« ist die Bedeutung des Namens »Quetzalcoatl«, des Gottes, der auf dem Rücken einer gefiederten Schlange zu den Menschen kam und sie alle wichtigen Dinge lehrte.

Auch in der altnordischen Mythologie spielt eine Art der »gefiederten Schlange« eine große Rolle, nämlich der mythische Drache. »Nidhöggr« heißt er und nagt bedrohlich und dadurch auf neue Ordnung hinweisend an den Wurzeln der Weltenesche. Er ist es, der die Toten in die Unterwelt, nach Niflheim holt. Ohne diesen Anteil von zerstörerischer Kraft des Drachen, die Veränderung bewirkt, kann die Welt nicht existieren, so heißt es in der nordischen Mythologie.

Die in der Gestalt der »gefiederten Schlange« vollzogene Verbindung vom sich auf der Erde windenden »Wurm«, der im Wasser dahingleitenden Schlange und dem sich hoch in die Luft zur Sonne erhebenden Vogel erzählt wie keine andere mythische Gestalt von der sich ständig in Bewegung verändernden Informationen des Lebens. Diese Lebensinformationen sind in unserem Körper auf der Doppelhelix unserer DNS gespeichert. Die Information über diese sich spiralförmig umwindenden Stränge der DNS und die »Flüssigkeit« zwischen den Strängen der DNS tauchen in vielen Trancehaltungen als Wahrnehmungen von Wasser, Spiralen und Schlangen auf – doch besonders in der Haltung der »Gefiederten Schlange«. Der Anteil »Vogel« an der »gefiederten Schlange« trägt in der Trance durch Erde, Feuer, Wasser, Luft – bis »hinter die Sonne« – und lässt uns aus großer Distanz die Dinge klar erkennen.

Körperhaltung
- Stehend. Die Füße stehen parallel circa 15 Zentimeter auseinander, und die Knie sind gebeugt.
- Die Hände werden mit geschlossenen Fingern zu einer Schale geformt, der Daumen liegt auf dem Zeigefinger auf.
- Die so gebogenen Hände werden auf die Hüften gestützt, die Finger weisen gerade nach oben.
- Die Arme stehen seitlich vom Körper fest wie »Henkel« ab.
- Der Kopf ist gerade nach vorn ausgerichtet.
- Mund geöffnet.

Erfahrungsschwerpunkte
Große Hitze. Durchqueren der Elemente und Welten. Verbinden von Gegensätzen. Tod und Geburt. Ablegen der »alten Haut«. Erkennen von Lebenszusammenhängen. Aktivierung des kreativen Potenzials. Genährt werden. Heilung. Vögel. Schlangen.

Hinweis
Diese Haltung eignet sich gut für erste Erfahrungen mit den Rituellen Körperhaltungen.

Die Geburtshaltung

Circa 5000 bis 1600 v. u. Z., unter anderen Afrika, Europa, Nord-
und Mittelamerika

Zum kulturellen Hintergrund
Da es Zeugnisse dieser Körperhaltung aus mehreren Kulturen gibt,
ist keine für alle gültige kulturelle Hintergrundinformation möglich. Eine ihr Leben bestimmende intensive Verbindung zum Geist
der Natur kennzeichnet diese Kulturen.

Körperhaltung
- Stehend, Füße parallel, etwa fußbreit auseinander. Die Arme
  stehen seitlich wie Henkel steif vom Körper ab.
- Die Hände werden mit geschlossenen Fingern so auf den Körper
  gelegt, dass die Zeigefinger zum Nabel weisen. Die Fingerspit-
  zen der Zeigefinger berühren sich nicht.
- Spannung in die Hände geben.
- Rücken sehr aufrecht strecken.
- Kopf geradeaus halten.
- Der Mund ist leicht geschlossen.

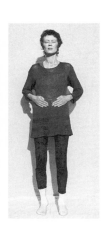

Erfahrungsschwerpunkte
Stärkung und Schutz des ungeborenen Lebens. Kontakt zum wachsenden Leben. Sich selbst gebären. Kontakt zu sich selbst, zum »inneren Kind«.

Hinweis
Es sind auch Figuren in dieser Haltung gefunden worden, deren Arme am Körper anliegen. Die Arme dicht an den Körper anzulegen, verändert das körperliche Erleben. Die genannten Erfahrungsschwerpunkte bleiben aber, sie werden maßgeblich durch die mit Spannung gehaltenen Handstellung gesteuert.

Die Tschiltan-Haltung
2000 v. u. Z. bis 700, unter anderen Alaska, Europa, Nord- und Mittelamerika

Zum kulturellen Hintergrund
Felicitas Goodman hat dieser Haltung den Namen »Tschiltan« gegeben. Sie sah in einem Buch von Mihal Hoppál die Fotografie einer Schamanin Innerasiens, sitzend in dieser Haltung. Die Information dazu war, dass sich die Schamaninnen in den Tälern Usbekistans beim Heilen »an eine Gruppe von Geistern wenden, die Tschiltan-Geister genannt werden«. Der Überlieferung nach »lecken die Tschiltan-Geister besonders gern Blut«, weshalb die Schamaninnen dort Blut auf ihre Trommel streichen.

Diese Haltung wurde in zwei in der Handhaltung verschiedenen Darstellungen gefunden. Felicitas Goodman hat die Haltung so gelehrt, dass ein Abstand zwischen den Händen ist, sodass die Hände auf der Herz- und Nabelgegend liegen. Unsere weiterführende Forschungsarbeit hat uns den Blick darauf aufmerksam werden lassen, dass die Hände bei den meisten Figuren dicht aneinander gehalten sind. Ich stelle hier beide Varianten der Tschiltan-Haltung vor.

Körperhaltungen Variante 1, stehend
– Stehend. Die Füße stehen parallel, circa 15 Zentimeter weit auseinander. Die Knie sind leicht gebeugt.

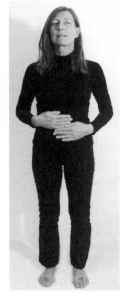

Variante 1, stehend (links); Variante 2, stehend (Mitte); Variante 1, sitzend (rechts).

- Der rechte Unterarm liegt so auf der Brust, dass die rechte, flach gestreckte Hand mit geschlossenen Fingern zur Achselhöhle weist.
- Die linke Handfläche liegt mit geschlossenen Fingern so auf dem Körper, dass die Daumenwurzel unterhalb des Nabels liegt.
- Rücken sehr aufrecht halten.
- Kopf geradeaus halten.
- Der Mund ist geschlossen.
- Spannung in die Hände geben.

Körperhaltungen Variante 1, sitzend
Mit gekreuzten Beinen auf dem Boden sitzend, das rechte Bein liegt vor dem linken. Die Haltung von Armen, Händen und Kopf entspricht der stehenden Haltung.

Körperhaltungen Variante 2, stehend
- Stehend, die Füße stehen parallel circa 15 Zentimeter auseinander. Die Knie sind leicht gebeugt.
- Die ausgestreckte linke Hand wird mit geschlossenen Fingern so auf den Bauch gelegt, dass die Finger den Bauchnabel bedecken.

- Die flache, ausgestreckte rechte Hand wird mit geschlossenen Fingern so auf den Bauch gelegt, dass die Finger oberhalb der Finger der linken Hand liegen.
- Die Finger berühren sich leicht.
- Spannung in die Hände geben.
- Die Arme liegen locker neben dem Oberkörper.
- Der Mund ist leicht geöffnet, wie zu einem Lächeln.
- Rücken aufrecht.
- Den Kopf leicht anheben.

Körperhaltungen Variante 2, sitzend
Im Schneidersitz, das rechte Bein liegt vor dem linken, die Arm-, Hand- und Kopfhaltung ist wie bei der stehenden Haltung.

Erfahrungsschwerpunkte
Aktivierung von Heilprozessen. Tiefe Ruhe. Sich selbst Schutz geben. Reinigung. Verbindung zum inneren Lebensfeuer. Erneuerung.

Hinweise
Abbildungen dieser Haltung zeigen sowohl die Variante »stehend«, von Frauen ausgeführt, als auch Männer in der Variante »sitzend«. Von daher ordne ich sie nicht mehr »Mann« oder »Frau« zu.
Diese Haltung eignet sich gut für erste Erfahrungen mit den Rituellen Körperhaltungen.

Das Rufen der Tiere

Alte Jägerkulturen, Afrika, Australien, Europa, Russland, Nord- und Südamerika

Zum kulturellen Hintergrund
Aus vielen der alten Kulturen sind Felsmalereien und -gravierungen bekannt, die Menschen mit erhobenen Armen zeigen. Oft sind neben diesen menschlichen Figuren Tiere dargestellt.
Die menschlichen Figuren in der beschriebenen Haltung werden in der Literatur immer wieder als »Adoranten« bezeichnet (vom

lateinischen *adorare* für »anbeten, verehren«). Die alten Kulturen, aus denen viele dieser Abbildungen stammen, waren den heutigen Erkenntnissen der Forschung zufolge keine einen »Gott« anbetenden Kulturen mit einer auf einen »Gott« ausgerichteten Religion. Vor den Religionen stand der »Kult«, rituelle Handlungen mit magischem Aspekt, in denen durch die Handlung etwas bewirkt werden sollte, was nicht allein in der Macht des Menschen stand.

Der Philosoph Peter Sloterdijk sagte einmal, der Frühmensch profitiere davon, dass er in der Regel fast alle Griffe beherrsche, die er zur Selbsterhaltung brauche, während er alles, was nicht gekonnt werden könne, im Schutz von Ritualen mehr oder weniger routiniert überstehe. Angenommen, die Sintflut falle vom Himmel auf sein Blätterdach, dann könne er das Unwetter – wenn überhaupt – besser überstehen, wenn er ein Lied für den Wettergott rezitiere. Es sei nicht wichtig, dass er selbst Wetter machen könne, sondern dass er eine Technik kenne, bei schlechtem Wetter in Form zu bleiben. Man müsse auch dann etwas tun, wenn man ansonsten nichts tun könne.

Vielleicht stellten sich die Menschen der Frühzeit in dieser Haltung mit erhobenen Armen hin, um die Sonne oder den Mond zu begrüßen, bestimmte Kräfte der Natur zu rufen oder zu beschwören? Vielleicht war es auch eine Haltung der Kontaktaufnahme zu den Jagdtieren – ein energetischer »Informationsaustausch« mit der Absicht, die Tiere zu bitten, dass sie ihr Leben zum Erhalt des menschlichen Lebens geben. Und damit verbunden das Versprechen, das Leben des Menschen nach dessen Tod zurückzugeben in den Kreislauf der Natur, als Nahrung für neues Wachstum.

Unsere Erfahrungen mit der im Freien ausgeführten Haltung »Das Rufen der Tiere« haben immer wieder eine verblüffende Resonanz in der umgebenden Natur gezeigt: auffällig vermehrte Tierbewegung und Tiergeräusche. Immer wieder tauchte in der Trance die Frage auf: »Wozu ruft ihr uns?« Diese Frage hat uns in den Gruppen, die diese Haltung erprobt haben, lange beschäftigt. Wir sind keine Jäger mehr, die auf das Erlegen von Jagdwild zum Überleben angewiesen sind. Wozu also rufen wir die Tiere?

Zu besonderen Anlässen gehe ich mit in der Trance erfahrenen Menschen in den Wald, möglichst bei Anbruch der Dämmerung, um von den Waldtieren zu lernen. Das geschieht nach einer innerlichen Vorbereitung, in der jeder sich über seine Absicht klar wird. Im Wald nimmt jeder bewusst Kontakt auf zu dem Platz, an dem er sitzt oder steht. Wahrnehmungsübungen helfen, mit allen Sinnen wach in die energetische Verbindung mit dem Umfeld zu gehen. Etwas Brot, Bier oder Milch den »Naturgeistern« dort zu opfern, gibt dieser Verbindung einen sichtbaren Ausdruck – was etliche Tiere des Waldes nach unserem Weggang erfreut!

Diese Übung der Kontaktaufnahme braucht viel Raum an Zeit, Geduld und Stille. Irgendwann ist dann der richtige Zeitpunkt, die Arme und Beine in die beschriebene Position zu bringen und die Aufmerksamkeit auf das Tier, das sich zeigt oder das man hört, zu richten.

In diesem Moment ist es anzuraten, innerlich noch einmal bewusst die Bitte zu äußern, dass der »Geist des Tieres« sich uns lehrend begegnen möchte. Da in einem solchen Fall das Rasseln oder Trommeln jedes Tier verscheuchen würde, zischeln die Tranceerfahrenen den stimulierenden 210er-Rhythmus leise durch die Zähne und leiten so die Trance ein. Auf diese Weise haben wir durch den uns lehrenden Geist der Tiere berührende und folgenreiche neue Blickwinkel und Einsichten in das Lebensnetz von Tier und Mensch erfahren können.

Körperhaltung
- Stehend, die Beine breit auseinanderstellen. Die Knie sind gebeugt, die Füße schräg nach außen gestellt.
- Die Arme werden auf Schulterhöhe angehoben, die Unterarme werden nach oben hin im Ellbogen so abgeknickt, dass der Unterarm fast im rechten Winkel zum Oberarm hochsteht.
- Die Finger der Hände sind gespreizt, die Handflächen zeigen nach vorn.
- Rücken gerade.
- Kopf geradeaus halten.
- Der Mund ist leicht geschlossen.

Hinweis
Diese Haltung sollten Sie unbedingt nur in der freien Natur ausführen!

___Aus Nordeuropa

Wichtigster Bezugspunkt im weltlichen wie im geistigen Leben der skandinavischen Völker der Frühzeit war die Sonne. Das bestimmende »Drama« im Leben der Nordvölker war das Verschwinden der Sonne im Winter, das mythologisch als Gefangenschaft gedeutet wurde. Durch Opfer und Rituale konnte sie befreit werden. Ihre Wiederkehr wurde mit einem großen Fest gefeiert, bei dem das Feuer eine wichtige Rolle spielte (Wintersonnwende). Der Verehrung der Sonne liegt kein personifizierter Sonnenkult wie der eines »Sonnengottes« zugrunde.

In der Kosmologie der nordgermanischen Völker entstanden die Götter aus Licht, Dunkelheit, Wärme und Kälte – die Schwierigkeiten der Lebensbedingungen in Nordeuropa widerspiegelnd. Aus dem Körper des von diesen ersten Göttern geschaffenen Riesen Ymir entstand die geordnete, dreigeteilte Welt mit der Weltenesche Yggdrasil als Zentrum.

Felsbilder vor allem aus der Bronzezeit Skandinaviens geben oft Alltägliches wie Wagen, Pflüge, Rinder, Fischfang oder die Jagd wieder. Aber auch kultische Zusammenhänge wie der Tanz um einen »Pfahl mit Bändern«, Lurenbläser und Prozessionen sind auf Felsen eingeritzt. Funde in Mooren, Seen, Brunnen und Quellen, Reste von »Heiligen Hainen« und Steinkreisen bezeugen die starke Verbindung der Menschen dieser Zeit zu Naturkräften und Naturgeistern. Die Gottheiten wohnten in den Wäldern und Gewässern, nicht in Gebäuden oder Tempeln. Besondere Bedeutung hatten Quellen als die Orte, an denen das lebenspendende Wasser aus dem Schoß der Erdmutter entsprang. Funde von rituellen Mahlzeiten und vielfältigen Opfergaben bezeugen das. Auch Tier- und Menschenopfer sind nachgewiesen.

Der liegende Sami
Alter unbekannt, nordöstliches Gebiet von Finnland, Schweden und Norwegen

Zum kulturellen Hintergrund
Angelika Berger
Die Sami sind ein ursprünglich nomadisierendes Volk vom nördlichen Polarkreis, dessen Herkunft bis heute nicht eindeutig zu benennen ist. Die ältesten Siedlungsfunde an der Eismeerküste stammen von etwa 7500 v. u. Z. Sie lebten von Fischfang und Jagd, später kam die Rentierzucht dazu. Es handelt sich bei den Sami nicht um eine homogene Kultur, was sich vor allem in ihrer Sprache ausdrückt: Es gibt etwa zehn verschiedene Dialekte. Auch in der materiellen Kultur wie zum Beispiel in der Art der Wohnstätten gibt es viele Unterschiede zwischen den einzelnen Gruppen.

Nach einem Holzschnitt von J. Schefferus (1673).

Im 17. und 18. Jahrhundert wurden die Sami in ihrem Lebensraum von einer intensiven lutherischen Missionierung überrollt. Der vorchristliche »Glaube« der Sami, ihre enge Naturbezogenheit mit dem Wissen um die Existenz von Naturgeistern, ihre Rituale und ihre Art der Vorstellung einer belebten Seelenlandschaft wurden zum »Heidentum« reduziert. Unter Androhung von Strafe oder Tod zwangen Pfarrer und die entsprechenden Regierungen die Schamaninnen und Schamanen, in Sami »Noaidi« genannt, ihre Arbeit einzustellen. Ihnen blieb nur noch eine Ausübung im Verborgenen. Ihre Zaubertrommeln durften nicht mehr erklingen, sie wurden verbrannt.

Seit rund 200 Jahren schweigen die Zaubertrommeln mit dem Tod der letzten Noaidi. Damit geriet das lebendige Wissen um den Glauben und die Weltvorstellung der Sami mehr und mehr in Vergessenheit. Nur durch die mythischen Erzählungen und alten Lieder heutiger Sami, durch die Symbole auf den Zaubertrommeln und frühe Aufzeichnungen von Missionaren über das Schamanentum und Erwähnungen des »heidnischen Glaubens« in Gerichtsprotokollen war es möglich, das Ritual und die Rolle des Schamanen sowie das Weltbild der vorchristlichen Sami wieder sichtbar zu machen.

Heute existieren noch circa siebzig Trommeln in den Sammlungen von europäischen Museen. Ihre teilweise reichhaltigen Bemalungen künden als einzige authentische Quellen von den geistigen Welten dieses Volkes. Alle samischen Schamanentrommeln waren bemalt mit Darstellungen vom Aufbau der Welten, des Weltalls. Es ist zu vermuten, dass jede Gemeinschaft und jede/jeder Noaidi eine eigene Ikonografie hatten.

Die Interpretation der Bilder auf den Zaubertrommeln ist sehr schwierig, weil dazu fast keine Aussagen von samischen Schamanen erhalten sind. Erschwerend für eine Aufhellung der Vorstellungswelt der vorchristlichen Sami und der Arbeit ihrer Schamaninnen und Schamanen ist, dass die Trommel nicht nur für die Trance im Heilritual verwendet wurde, es gab Trommeln für die Reise in die obere Welt und Trommeln für die Reise in die untere Welt, eine Trommel für die Wahrsagung – und vielleicht gab es auch noch Trommeln für andere Anlässe.

Körperhaltung

- Flach auf den Boden legen, das Gesicht nach rechts drehen.
- Den rechten Arm am Kopf vorbei nach vorn ausstrecken.
- Der Arm ist leicht angewinkelt und liegt ohne Spannung.
- Der linke Arm liegt links neben dem Kopf.
- Der linke Unterarm liegt angewinkelt über dem Kopf.
- Die geöffnete linke Hand weist zur geöffneten rechten Hand hin, die weiter nach vorn gestreckt ist als die linke. Die Hände berühren sich nicht.
- Die Beine liegen gerade gestreckt und eng aneinander.
- Die Füße sind auf den Fußzehen aufgestellt.
- Die Beine liegen vom Becken an bis zu den Füßen nicht auf dem Boden auf, sie werden mit Spannung wie eine Brücke gehalten.
- Die Füße werden an den Knöcheln mit einem Stoffband zusammengebunden.
- Wenn möglich, eine Rahmentrommel mit der Fellseite auf den Rücken legen.

Erlebnisschwerpunkte

Tiefe Verwurzelung. Ausweitung des inneren Raums. Reinigung. Erneuerung. Bereisen der Welten. Starke Energetisierung.

Hinweise

Zur leichteren Durchführung dieser Haltung können Sie sich ein Kissen unter das Becken legen.

Diese Haltung erfordert Erfahrung mit Trancehaltungen.

Cernunnos von Gundestrup
2. bis 1. Jahrhundert v. u. Z., Dänemark

Zum kulturellen Hintergrund

Die Haltung des »Cernunnos von Gundestrup« ist auf einem vergoldeten Silberkessel abgebildet, der in Dänemark bei Borremose (Nordjütland) im Moor gefunden wurde. Der Kessel mit einem Durchmesser von 175 Zentimetern wird aus fünf inneren Ornamentplatten und acht äußeren Tafeln gebildet. Die Platten sind innen und außen reich ornamentiert mit Gottheiten, Szenen von rituellen Handlungen, Musikern, Kriegern und vielen Tieren.

Auf einer der Ornamentplatten thront inmitten einer Schar von Tieren – Löwen, Drachen, Elefanten, Wolf, Hirsch und einem Delfin, auf dem ein Junge reitet – der »Herr der Tiere«. Er ist aus der keltischen Kultur als »Cernunnos« bekannt, der »Gehörnte«.

Er ist der Gott des Waldes, der schöpferischen Naturkräfte, der Zeugungskraft, des Wachstums. Mit all diesen Qualitäten ist er im Besonderen der Begleiter der »großen Erdmutter«.

Rechts von ihm steht ein Hirsch, ein Wolf ist zu seiner Linken. Der Hirsch ist ein Ausdruck für die Lebenskraft, der Wolf für die Kraft der Vernichtung. Diese beiden Kräfte trennend, sitzt Cernunnos zwischen ihnen, bildet die versöhnende dritte Kraft und hält so das Gleichgewicht zwischen Leben und Tod. Um seinen Hals liegt ein Halsband, ein Helm mit Geweih sitzt auf seinem Kopf. In der rechten Hand hält er einen Torques, einen Bronzehalsreif, dessen Ursprung im kleinasiatischen Raum liegt und ein Zeichen von Herrschaft und Macht ist. In der linken Hand hält er eine Schlange mit kleinen »Hörnern«, vielleicht eine Hornviper, eine der größten Giftschlangen des südlichen Europas.

Stilistisch stammen die einzelnen Ornamentplatten von verschiedenen Künstlern, die Arbeiten weisen auf ihren keltischen Ursprung in Ungarn und Rumänien hin.

Das Wissen um die spirituellen Kräfte des gehörnten Schamanen, des Herrn der Tiere, geht weit vor die Zeit der keltischen Kultur zurück. Die Mythologien der Völker Europas enthalten viele Anspielungen auf eine heilige Quelle, einen heiligen Brunnen oder auch einen heiligen Kessel, aus dem zu trinken den Zugang zur Anderswelt, zum verborgenen Wissen eröffnet.

Körperhaltung

- Auf dem Boden sitzend, den Rücken mit Spannung sehr aufrecht halten. Das rechte Bein so anwinkeln, dass die Ferse des rechten Fußes zum Damm weist. Die Zehen des rechten Fußes berühren die Wade des ebenfalls angewinkelten linken Beins im unteren Drittel.
- Der linke Fuß weist mit der Fußspitze gerade nach vorn, liegt auf der Außenseite auf.
- Die Arme werden seitlich des Oberkörpers so angewinkelt, dass zwischen dem Oberarm und dem Unterarm ein »V« entsteht. Der Schultergürtel bleibt gerade, die Hände ragen über die Schulter hinaus. Die rechte Hand umfasst einen Reif, die aneinandergeschlossenen Knöchel der Finger weisen waagerecht nach vorn.
- Die linke Hand umfasst eine »Schlange« (rundes Holz, fest gedrehtes Tuch oder etwas Ähnliches), die aneinandergeschlossenen Finger weisen senkrecht übereinanderliegend nach vorn.
- Der »Kopf« der Schlange zeigt in Richtung des linken Ohrs.

- Der Kopf wird sehr aufrecht gehalten, der Mund ist wie zum Pfeifen gespitzt.

Erlebnisschwerpunkte
Wachstum. Viele Tiere, auch Verwandlung in Tiere. Gefühl von Kraft, Macht, Wächter. Bereisen der Welten und des Weltenbaums.

Hinweise
Rituelle Attribute, die Qualitäten der Dreiheit der schamanischen Welten leichter erfahren lassen, sind die folgenden: ein nicht geschlossener Reif (Torques) in der rechten Hand, eine enge Kappe oder/und kleines Gehörn auf dem Kopf, eine »Schlange« (zusammengerollter Stoff, Stück Rundholz) in der linken Hand.

Durch die Stellung des Mundes kann sich ein Pfeifton entfalten.

Eignet sich gut zum Erfahren eines tiefen Naturkontakts, wenn die Haltung in der Natur ausgeführt wird.

Diese Haltung erfordert Erfahrung mit Trancehaltungen.

Die Schlangenfrau von Faardal
Circa 800 v. u. Z., Dänemark

Zum kulturellen Hintergrund
Die kleine Bronzefigur der »Schlangenfrau von Faardal« (6,5 Zentimeter) aus der mittleren Bronzezeit wurde in Faardal auf der Insel Jütland in Dänemark gefunden. Die Statuette hat große, sonnenähnlich ornamentierte vergoldete Augen. Zusammen mit ihr wurden eine »W«-förmig gewundene, bronzene Schlange, gehörnte Tierköpfe und ein kleines Schiff aus Bronze entdeckt.

Aus Abbildungen skandinavischer Felszeichnungen sind viele mit gehörnten Tierköpfen geschmückte Schiffe bekannt, auf denen eine weibliche Figur kniet und eine Schlange an einer Schnur mit sich führt. Die Darstellungen dieser »Schiffe der Erneuerung« erzählen von Ritualen der Erneuerung. Sie erzählen auch von der Vorstellung der Menschen dieser Zeit, dass die Welt der Verstorbenen im Westen, hinter dem großen Wasser, liegt und dass die Verstorbenen auf einem Schiff gen Westen in das Totenreich fahren.

Körperhaltung
- Auf den Fersen sitzend, die Beine aneinandergeschlossen. Der rechte Arm steht seitlich vom Körper ab und ist so angewinkelt, dass die Hand ungefähr auf Höhe der Augen steht.
- Die Finger der rechten Hand liegen so aneinander, als ob sie ein dickes Seil oder einen Stock umfassten. Der Handrücken zeigt nach außen.
- Der linke Unterarm liegt so vor dem Brustkorb, dass die linke ausgestreckte Hand mit Spannung auf der Brust liegt und die Finger zur rechten Achselhöhle weisen.
- Die Finger sind aneinandergeschlossen, nur der Daumen ist abgespreizt.
- Der Kopf ist gerade nach vorn ausgerichtet, das Kinn wird leicht angehoben.
- Der Mund ist leicht geöffnet.
- Rücken sehr aufrecht.

Erfahrungsschwerpunkte
Transformation. Erneuerung. Reinigung. Erkennen von Lebensstrukturen. Aktivierung von Heilprozessen. Stark energetisierend. Große Hitze. Schlangen.

Hinweise
Die Haltung der rechten Hand ist leichter auszuführen, wenn die Hand ein der entstehenden Öffnung zwischen den Fingern entsprechendes Stück Seil oder einen Stock umfasst.

Es erleichtert das kniende Sitzen in der Haltung, wenn ein Kissen zwischen Unterschenkel und Po gelegt wird. Ist diese Art des Kniens nicht möglich, so kann man sich auf einen Stuhl setzen, Beine eng aneinander, die so geschlossenen Beine schräg nach hinten unter die Stuhlfläche stellen.

Diese Haltung erfordert Erfahrung mit Trancehaltungen.

Der Nyborgmann
Circa 500 v. u. Z., Dänemark

Zum kulturellen Hintergrund
Usch Omland, Marie Sichtermann

Die 6,7 Zentimeter kleine Figur des »Mannes von Nyborg« wurde bei Nyborg auf der Insel Fünen in Dänemark in einem Waldstück gefunden, zusammen mit anderen goldenen Gegenständen.

Die Figur ist aus Gold gefertigt. Auf dem Kopf sind Reste einer Kopfbedeckung erhalten. Die Figur trägt um den Hals einen spiralförmigen Reif. Die Augen sind mit einem sonnenähnlichen Ornament eingefasst. Die Ohren sind auffällig groß.

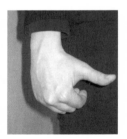

Am Glied des Mannes hängt ein schnurartiges Gebilde, das an eine Nabelschnur erinnert.

Dänemark wie auch Norddeutschland wurden um 500 von den heute als »Nordgermanen« bezeichneten Stämmen bewohnt. Die Nordgermanen waren kein unter einer Führung geeintes Volk, sondern setzten sich aus einer Vielzahl von eigenständigen Stämmen zusammen. Diese Stämme bildeten die Herrschaftsgebiete einzelner Häuptlinge. Die Menschen wohnten in Dörfern, üblicherweise in Langhäusern aus einer Lehm-Flechtwerk-Technik, die bis zu 40 Meter lang waren.

Luxusgüter wie Glas, Gold, Bronzegefäße und dergleichen wurden in weitreichenden Handelsbeziehungen gegen Leder und Felle getauscht.

Körperhaltung
- Stehend, die Knie sind leicht gebeugt. Die Füße stehen parallel, etwa eine Handbreit auseinander.
- Die Arme sind seitlich steif neben dem Oberkörper, ohne ihn zu berühren.
- Die Unterarme sind minimal angewinkelt.
- Die Finger – außer dem Daumen – sind aneinandergeschlossen und werden so zur Handinnenfläche gebeugt, dass die ausgestreckten Finger mit den Fingerspitzen zur Achselhöhle hochweisen.
- Die Daumen werden so stark abgespreizt, dass sie geradeaus nach vorn zeigen.
- Die Hände berühren den Körper nicht.
- Die Daumen werden stark abgespreizt, sodass sie nach vorn zeigen.
- Den Kopf »neugierig« etwas nach vorn strecken, Kinn leicht anheben.
- Mund weit öffnen, etwas in die Breite ziehen, dadurch entsteht eine leichte Spannung in den Mundwinkeln.
- Die Zunge oben an den Gaumen legen.

Erfahrungsschwerpunkte
Erneuerung, Reinigung, Zentrierung, Ruhe. Den »Winter« hinter sich lassen – der kommenden Sonne entgegenblicken. »Neue Saat« ausstreuen. »Neues« erlauschen.

Hinweis
Die Figur hat außerordentlich große Ohren. Die akustischen Wahrnehmungen in der Trance können durch vorheriges Kneten und Ausstreichen der Ohren aktiviert werden.

Die Schlangenfrau von Smiss
Circa 400 bis 600, Gotland, Schweden

Zum kulturellen Hintergrund
Paloma Birgit Wirtz
Der Bildstein von Smiss (bei Närt) wurde auf der schwedischen Sonneninsel Gotland (größte Insel der Ostsee) auf einem Begräbnisplatz gefunden.

Vor etwa 8000 Jahren kamen die ersten Menschen nach Gotland. Die Menschen begannen vor ungefähr 6000 Jahren mit dem Anbau von Nutzpflanzen und Tierhaltung. Während der Bronzezeit, die in Schweden erst um 1800 v. u. Z. begann, war Gotland ein wichtiger Handelsplatz. Die vielen riesigen Grabhügel stammen aus dieser Zeit. Etwa tausend Jahre v. u. Z. fingen die Gotländer an, ihre Verstorbenen zu verbrennen und deren Überreste in sogenannte Schiffssetzungen zu begraben. Mit Hilfe eines solchen »Schiffes« konnte dann der Verstorbene ins Jenseits hinübergleiten, zum Land der Sonne, das im Westen hinter dem Meereshorizont lag. Sonnenkult und Schiff gehören oft zusammen. So folgert man aus dem häufigen Vorkommen von Sonnensymbolen in Ritzungen, dass die Menschen damals auch eine Art Sonnenkult praktizierten.

Gotland war auch in der römischen Zeit ein wichtiger Handelsplatz. Aus der Vendelzeit, zwischen 550 und 800, stammen die großen »Bildsteine«. Sie waren meist mit Wirbelrädern, Ruderschiffen, Spiralen und einfachen Tierbildnissen versehen. Diese Motive waren vermutlich wichtige Elemente der damaligen religiösen Zeremonien. 1029 gilt als das Jahr der Christianisierung auf Gotland.

Die Goten (lateinisch *Gutones, Gotones*) waren eine germanische Stammesgruppe, die sich Ende des 3. Jahrhunderts in Ost- und Westgoten aufspaltete. Der Kern der gotischen Stammesgruppe war ursprünglich in Südskandinavien beheimatet.

Die Völkerwanderung (circa 400 bis 600) der germanischen Stämme aus ihren Ursprungsgebieten wurden durch verschlechterte Lebensbedingungen ausgelöst, zum Beispiel, Veränderungen des Klimas, Kriege, Land- oder Hungersnot, Seuchen oder Übervölkerung. Die eigentliche Völkerwanderung (circa 375 bis 568) wurde durch den Hunnensturm aus der Mongolei ausgelöst. 375 besiegten die Hunnen die Ostgoten und verdrängten die Westgoten. Die germanische Völkerwanderung veränderte das Gesicht des spätantiken Europa grundlegend.

Die Schlangenfrau von Smiss

Der Bildstein von Smiss wird auf 400 bis 600 datiert, die letzten Jahre der heidnischen Zeit Schwedens. Er hat eine Höhe von 82 Zentimetern und zeigt eine Frau in breitbeiniger Haltung mit außergewöhnlichem Haargeflecht, das schlangenartig an den Seiten ihres Kopfes herabhängt. Sie hält eine Schlange und ein drachenähnliches Tier in den Händen. Wie eine Spirale winden sich ein Wildschwein, ein Drachen und ein Adler in dem Triskel über ihr. Auch an den Rändern des Steins winden sich zwei Schlangenlinien umeinander. Das Bild, mit seinen Windungen erweckt den Eindruck von Bewegung.

Die »Schlangenbeschwörerin« auf dem Stein von Smiss steht bislang vereinzelt unter den Bildern der Steine. Die Bildsteinkunst auf Gotland dürfte ihre Wurzeln im Totenkult und Grabritual haben. Der Stein steht in allen Kulturen für das »Dasein« schlechthin. Schlangen hatten immer eine große symbolische Bedeutung in verschiedenen Kulturen und zu allen Zeiten. Sie wurden mit der Unterwelt und dem Reich des Todes assoziiert, strahlten aber auch immer eine Faszination aus ob ihrer Verjüngung durch Häutung. Die Schlange gilt als Hüterin des Totenreichs, als Überwinderin des Todes und gleichzeitig als gebärende Kraft.

Körperhaltung
- Auf dem Boden sitzend. Beine weit auseinandergrätschen, dann die Knie so zum Körper hin hochziehen, dass die Fußsohlen noch gut auf dem Boden aufliegen.

- Den Rücken mit Spannung sehr aufrecht halten.
- Die Arme werden seitlich des Oberkörpers so angewinkelt, dass zwischen Oberarm und Unterarm ein »V« gebildet wird. Die Oberarme liegen nicht am Oberkörper an.
- Die Schultern bleiben entspannt, werden nicht hochgezogen.
- Die Hände sind mit aneinandergeschlossenen Fingern flach ausgestreckt, die Handinnenflächen weisen nach oben (als ob Sie ein Tablett tragen).
- Die ausgestreckten Hände befinden sich auf Halshöhe.
- Der Kopf wird gerade nach vorn gehalten.
- Der Mund ist leicht geöffnet (Erfahrungswert).

Erfahrungsschwerpunkte
Kraftvoll, stärkend, erdend, verbindend, empfangend. Balance. Wandel. Auflösen von Widerständen. Kreislauf des Lebens. Schlangen. Wirbel, Spiralen.

Hinweis
Sich auf ein Kissen zu setzen, erleichtert das Einnehmen der Haltung.

___Aus Mittel- und Osteuropa

Der Mann von Hirschlanden
Circa 2500 v. u. Z., Deutschland

Zum kulturellen Hintergrund
Die Kelten sind seit dem 8. Jahrhundert v. u. Z. in Mitteleuropa nachweisbar, jedoch waren sie kein einheitliches Volk. Der Begriff »Kelten« ist eine Sammelbezeichnung für verschiedene Volksgruppen der Eisenzeit, die sich aber in Sprache und Brauchtum ähnelten. Sie verfügten über keine eigene Schrift. So ist ihre Geschichte nur über schriftliche Berichte anderer Völker und über Objekt-,

Grab- und Siedlungsfunde als Spur nachvollziehbar.

Auch weiß man nicht, wie sie selbst sich benannt haben, denn die Bezeichnung »Kelten« stammt aus dem Griechischen (von *keltoi* für »die Tapferen, Edlen«).

Aus der Zeit der Kelten sind nur sehr wenige Großplastiken bekannt. Eine der bekanntesten ist neben dem »Herrn von Glauberg« die aus Sandstein gefertigte Statue des »Mannes von Hirschlanden«. Erst 1962 wurde die unter der Erde verborgene, circa 2500 Jahre alte Figur eines frühkeltischen Fürsten oder Kriegers aus der Hallstattzeit in der Gemarkung der Gemeinde Hirschlanden/Baden-Württemberg gefunden.

Im näheren Umfeld des Fundortes wurden weitere sechzehn Grabhügel aus der Zeit gefunden. Der Brauch der Kelten, Grabstatuen aufzustellen, hat wahrscheinlich seinen Ursprung in mediterranen Vorbildern. Auch die Gestaltung des »Mannes von Hirschlanden« weist starke Ähnlichkeiten mit italienischen und griechischen Grabstatuen auf.

Der vollplastisch nackt dargestellte »Mann von Hirschlanden« weist deutliche Standesabzeichen eines keltischen Herrn, Fürsten oder Kriegers auf: ein Torques-Halsreif und einen Gürtel mit Dolch als Zeichen der Macht. Die Kopfbedeckung, ein Hut aus Birkenrinde, ist der im Fürstengrab von Hochdorf gefundenen Kopfbedeckung sehr ähnlich. Der stark ausgeprägt dargestellte Penis des Mannes lässt einen Zusammenhang der Figur zum Thema »Fruchtbarkeit« vermuten.

Es macht den Eindruck, als ob eine Maske vor seinem Gesicht liegt.

Körperhaltung

- Stehend. Die Füße stehen parallel circa 15 Zentimeter auseinander, die Knie sind leicht gebeugt.
- Der rechte Oberarm liegt eng am Oberkörper an.
- Der rechte Unterarm liegt eng, leicht schräg nach unten weisend, auf dem Bauch.
- Die Finger der rechten Hand sind aneinandergeschlossen.
- Der linke Oberarm liegt eng am Oberkörper an.
- Der linke Unterarm liegt schräg auf dem Oberkörper an.
- Die aneinandergeschlossenen Finger der linken Hand zeigen zum rechten Schultergelenk.
- Rücken aufrecht.
- Der Kopf ist gerade nach vorn gerichtet.
- Mund leicht geöffnet.

Erlebnisschwerpunkte

Stärkung bei Lebensübergängen. Verbindung zum Feld der Seelen Verstorbener.

Hinweis

Das Erleben in dieser Haltung kann tief bewegend sein, deshalb sollte diese nur in Begleitung von tranceerfahrenen Menschen ausgeführt werden.

Die Frau von Morava
Circa 4000 bis 3500 v. u. Z., Tschechien

Zum kulturellen Hintergrund
Diese 36 Zentimeter hohe Figur aus gebranntem Ton wurde in der bedeutenden neolithischen Siedlung von Hluboke Masuvky, Tschechien, gefunden. Sie wurde etwa 4000 bis 3500 v. u. Z. gefertigt, so wie auch die anderen, circa 1400 vollständigen Frauenstatuetten und Fragmente von Statuetten, die in derselben Gegend an 93 Fundstellen geborgen wurden. Sie werden der sogenannten Bandkeramik-Kultur zugeordnet, die von Morava über Niederösterreich und die Slowakei bis nach Ungarn reichte.

Morava (Mähren) ist eine historische Region in Mitteleuropa, die nach dem Fluss Morava (March) genannt ist. Diese Region bildet heute das östliche Drittel Tschechiens.

Diese Frauenstatuetten des Neolithikums zeichnen sich aus durch lange, schmale Oberkörper und Hälse und kräftige Becken- und Beinpartien. Die meisten der Figuren wurden in der Nähe von Feuerstellen und den Überresten von Zelten und Hütten gefunden.

Die Menschen des Neolithikums lebten etwa 5000 bis 1800 v. u. Z. in einer Periode des Übergangs von der nomadisierenden Jäger- und Sammlerkultur zur Sesshaftigkeit in Verbindung mit Ackerbau und Nutztierhaltung. Entsprechend den Lebensbedingungen einer immer mehr durch Landwirtschaft geprägten Gesellschaft veränderten sich Denken und Glaubenssysteme.

Quellen für Mutmaßungen über die geistige Weltsicht der Menschen der Jungsteinzeit stellen Gräber und Grabbeigaben sowie die zahlreich aufgefundenen menschen- und tiergestaltigen Plastiken dar. Wahrscheinlich stand im Mittelpunkt der religiösen Vorstellungen die Erde mit ihren fruchtbringenden Vegetationskräften, die als die »Magna Mater« oder Urmutter allen Seins verehrt wurde.

Zweifellos hatten die zahlreich aufgefundenen Frauenstatuetten der Jungsteinzeit eine zentrale rituell-geistige Bedeutung im Leben der Menschen. Vermutlich waren sie ein Ausdruck der »Fruchtbarkeit spendenden Muttergöttin«.

Körperhaltung
- Stehend, Füße parallel. Die Beine werden eng zusammengehalten. Die Knie sind leicht gebeugt.
- Die Oberarme liegen locker am Oberkörper an.
- Die Unterarme werden im rechten Winkel zu den Oberarmen nach vorn gestreckt gehalten.
- Die Finger der Hände sind geschlossen. Die Hände formen leicht gewölbte Schalen, die Handflächen weisen nach oben.
- Aus der Taille heraus kippt der gerade gehaltene Oberkörper leicht nach hinten.
- Der Hals wird nach oben gestreckt, lang gezogen. Der Kopf wird geradeaus gehalten und in den Nacken gelegt. Die Schultern entspannt hängen lassen.
- Der Mund ist leicht geöffnet.

Erfahrungsschwerpunkte
Reinigung. Regeneration. Klarheit, Zentriertheit. Ruhe. Strukturieren von Lebenszusammenhängen. Fruchtbarkeit, Wasser. Beantworten von Fragen.

Hinweis
Diese Haltung eignet sich gut dafür, in der freien Natur ausgeführt zu werden.

Die Frau von Pazardzik
4700 bis 4200 v. u. Z., Bulgarien

Zum kulturellen Hintergrund
Lisa Jäger
Die 19 Zentimeter hohe nackte Tonfigur hat eine grauschwarz glänzende Oberfläche und sitzt auf einem runden Schemel. Sie ist vom Boden bis zur Mitte des Leibes hohl. Die Figur der Frau von Pazardzik fasziniert durch ihre reichhaltigen Verzierungen am Körper. Das Schoßdreieck ist überdimensioniert hervorgehoben. Es ist, wie auch die kleinen Brüste, verziert. Insgesamt ist der Körper mit vielen Rauten und langgestreckten Spiralen bedeckt. Das Gesicht ist als schräge Fläche gearbeitet, bei dem nur Augen und Nase angedeutet sind. Auffallend ist der gepunktete Mund unter der schnabelartigen Nase. Heute befindet sich das Originalfundstück im Naturhistorischen Museum in Wien.

Die in Bulgarien gefundene Tonplastik stammt aus einem Siedlungshügel bei Pazardzik am Fluss Marica, etwa 100 Kilometer von der Hauptstadt Sofia entfernt, in der Thrakischen Tiefebene. Sie wurde zum ersten Mal im Neolithikum vor mehr als 8000 Jahren besiedelt.

In der Zeit von 6000 bis 3000 v. u. Z. waren die bäuerlichen Dorfgemeinschaften voll entwickelt und der Anbau von Kulturpflanzen wie Weizen, Gerste und Linsen und die Domestizierung und Züchtung von Haustieren hatte sich bereits etabliert.

Die sogenannte Kodshadermen-Gumelnitsa-Karanovo-VI-Kultur, der diese Figur zeitgeschichtlich zugeordnet wird, stand an der Schwelle zur Bildung eines Staatsgebildes, verschwand jedoch um 3800 v. u. Z., vermutlich durch eine Invasion von Nomadenvölkern aus dem Gebiet des heutigen Russland.

In Nordbulgarien wurden die Toten mit reichen Beigaben in großen Friedhöfen bestattet – die beigegebene Keramik ist mit geometrischen und geschwungenen Mustern verziert. Kultische Handlungen scheinen eine wichtige Rolle gespielt zu haben, es fanden sich viele Idole aus Knochen, Stein, Marmor und Ton. Die meisten der Idole sind weiblich, und ihre Darstellung ist schematisch, mit Verzierungen und wenigen Grundformen.

Das zentrale Thema dieser weiblichen Figuren ist das Geheimnis um den Schöpfungsakt, die Fruchtbarkeit, das Werden und Vergehen, die Geburt und der Tod, die Erneuerung des Lebens im Ganzen. Spirale, Schlange und Wirbel tauchen immer wieder seit der Frühzeit als Symbol in vielen Kulturen auf. Damals wie heute ist die reale menschliche Geburt ein Erleben des sich immer wieder neu schöpfenden Lebens – der Lebenskraft, die immer in Bewegung ist. Die Menschen dieser Zeit haben wohl im tiefen Wissen des Miteinander-verbunden-Seins diese Erfahrung mit den Materialien, die ihnen zur Verfügung standen, Ausdruck verliehen.

Körperhaltung

- Auf einem Hocker oder Stuhl sitzend, das Gesäß möglichst weit und breit nach hinten ausbreiten.
- Rücken gerade.
- Der Hocker muss so hoch sein, dass die aneinandergeschlossenen Oberschenkel schräg nach unten weisen.
- Die Beine und Füße liegen dicht nebeneinander.
- Die aneinandergeschlossenen Füße weisen schräg zur Erde hin, werden auf die Fußspitzen beziehungsweise den Ballen aufgestellt.
- Die Oberarme stehen seitlich vom Körper ab.
- Die Unterarme liegen in gerader Linie so auf dem Bauch auf, dass die zu leichten Fäusten gebildeten Hände auf der Körpermitte liegen.

- Die Handknöchel von Zeigefinger und Mittelfinger der beiden Fäuste berühren sich. Da sich Ring- und kleiner Finger nicht berühren, bildet sich ein kleines, nach unten offenes Dreieck. Die Daumen liegen auf dem Zeigefinger.
- Den Kopf leicht nach hinten in den Nacken legen.
- Den Mund leicht öffnen.
- Die Mundwinkel etwas nach oben ziehen.

Erfahrungsschwerpunkte
Präsenz. Ruhe. Kraft. Würde. Sinnlichkeit. Initiation. Liebe und Vertrauen. Fruchtbarkeit. Erneuerung. Stark energetisierend, stärkend, innerlich stark aufrichtend.

Hinweise
Um die Sitzhaltung wie beschrieben einnehmen zu können, kann der Sitz mit Kissen oder Decken aufgestockt werden.

Zeichnet man die vom Oberarm verlaufende, bogenförmige Linie zum Hals hin nach – wie bei der Figur zu sehen –, kann das die Spannung im Oberkörper verstärken und das innere Aufrichten unterstützen. Das Nachzeichnen ist nicht nur mit Körperfarbe oder Lippenstift möglich, sondern auch durch mehrmaliges Ziehen der Linie mit dem Finger.

Die Frau aus Georgien
Circa 300 v. u. Z., Georgien

Zum kulturellen Hintergrund
Marieros Weymelka
Die nackte Frauenstatuette aus Bronze von 17,1 Zentimeter Größe wurde als Teil einer Gruppe von vier Menschenfiguren (zwei weiblich, zwei männlich) aus Bronze und Eisen bei Wani an einem alten Ritualplatz in Georgien gefunden. Die hier vorgestellte Statuette trägt goldene Arm-, Hals- und Ohrringe.

Georgien ist am Fuße des Kaukasus gelegen und war schon immer gekennzeichnet durch eine reiche Vielfalt an gleichzeitig nebeneinander bestehenden Kulturen und Sprachen.

Im »klassischen Altertum« wurde der Kaukasus als »Silberne Stirn der Erde« und »Der Berg der Sprache« bezeichnet, da dort circa vierzig Sprachen gesprochen wurden. Eine der am häufigsten vertretenen Theorien war im Altertum, dass die beiden alten Völker der Iberer und Kolchen (wahrscheinlich Ägypter) zu den frühen Bewohnern Georgiens zählten.

Eine regelmäßige Besiedlung dieser Landschaft ist seit circa 30 000 v. u. Z. nachgewiesen. Jüngsten archäologischen Funden zufolge ist der erste Mensch im Bereich des heutigen Georgiens vor etwa 1,75 Millionen Jahren aufgetreten. Ein Schädelfund 60 Kilometer südöstlich von Tbilisi (Tiflis) sowie Steinwerkzeuge und Knochen fossiler Tiere sind Zeugen für den ersten Menschen auf dem Territorium des gesamten westlichen Eurasiens.

Die Geschichte Georgiens ist reich mit Mythen der Antike durchzogen: Prometheus wurde dort an einen Felsen geschmiedet, und Jason suchte mit den Argonauten das »Goldene Vlies«.

Doch schon lange bevor Gold und andere Metalle die Kultur des heutigen Georgien bestimmten, herrschte ein reges geistiges Leben in den transkaukasischen Kulturen. Dies bezeugen eindeutig archäologische Funde, so etwa die 7000 bis 8000 Jahre alten Tonscherben, auf denen eine männliche Figur mit erhobenen Händen, gespreizten Beinen und deutlicher Geschlechtsangabe zu sehen ist (»Haltung der Jäger«).

Wie alle frühen transkaukasischen Völker verehrten auch die Georgier Natur- und Stammesgottheiten. Eine wichtige Rolle scheinen dabei die Sonne als weibliche Kraft und der Mond als männliche Kraft sowie die fünf Planeten im geistigen Leben gespielt zu haben. Eine zentrale Rolle hat die »Große Mutter« in ihren vielen Aspekten eingenommen, zum Beispiel als die »Goldhaarige Dali«, »Schutzgöttin« der Jagd und des Wildes. Vor allem bei den Bergstämmen wurden bis in die Neuzeit hinein Bildnisse aus Holz und Stein verehrt, die mit dem Begriff »Heiligtum« bezeichnet wurden. Es soll auch einen »wundertätigen Baum« gegeben haben, dem wegen seiner Heilkraft große Verehrung zuteilwurde.

Deda Kartlis (»Mutter Georgien«) ist für die Georgier der Inbegriff von »Heimat«. Ihr Land wird auch »Land der Kartlier« genannt.

Körperhaltung

- Stehend, Füße circa 15 Zentimeter auseinander. Knie gebeugt. Die Knie weisen zueinander, sodass eine leichte X-Bein-Stellung entsteht.
- Die Arme werden seitlich des Körpers so gestreckt, dass sie den Körper nicht berühren. Sie sind nach vorn im Ellenbogen leicht angewinkelt.
- Die rechte Hand ist flach ausgestreckt und weist mit geschlossenen Fingern schräg zum Boden hin, der Daumen ist weit abgespreizt.
- Die geschlossenen Finger der linken Hand sind leicht zur Handfläche hin gebeugt.
- Der linke Daumen ist gestreckt und wird zur Handfläche hin über den Zeigefinger gehalten, ohne ihn zu berühren. Daumen und Zeigefinger liegen einander fast parallel gegenüber. Die Handfläche wird leicht zum Körper hingedreht.
- Der Mund ist leicht geöffnet und wird etwas in die Breite gezogen.
- Die Zunge liegt am Gaumen an.

Erfahrungsschwerpunkte

Aufnehmen, Bewahren und Abgeben von Energien. Lebensfreude, Kraft, Wissen, Selbstbewusstsein. Erkennen der Vielfalt von

Seinsmöglichkeiten: »Es ist Platz für alles da.« Antwort auf konkrete Fragen.

Hinweis
Die Haltung eignet sich gut dafür, in der freien Natur ausgeführt zu werden.

___Aus dem Mittelmeerraum

Die Vogelfrau von Priština
Circa 4500 v. u. Z., Kosovo

Zum kulturellen Hintergrund
Christiane Lass
Priština liegt im heutigen Kosovo in einem weiten Talkessel, der um 6000 bis 3000 v. u. Z. von einer Kultur besiedelt war, die als »Vincakultur« bezeichnet wird. Bei Ausgrabungen wurde 1955 neben anderen Statuetten mit vogelartigen Köpfen oder Vogelmasken vor den Gesichtern aus der Vincakultur auch die hier vorgestellte »Vogelfrau« gefunden. Die Statuette ist 18,5 Zentimeter hoch, sitzt auf einem Schemel, hat eine schnabelartige Nase und auffällig große Augen. Ritzungen betonen den Bauch-, Brust- und Rückenbereich.

Die Funde zeigen überwiegend Darstellungen von Frauen, viele davon mit maskenartigen Gesichtern. Diese Art der Darstellung lässt den Rückschluss auf einen rituellen Kontext zu. Die wahrscheinliche Bedeutung der Maskierung in Ritualen wird unterstützt durch die Auffindung einer Lehmmaske in Gesichtsgröße (circa 5000 v. u. Z.), die etwa 200 Kilometer entfernt von Priština im heutigen Rumänien gefunden wurde. Diese bisher älteste gefundene Maske zeigt auch vogelähnliche Züge auf.

Darstellungen von Menschen mit Vogelmasken oder -köpfen sind aus allen alten Kulturen bekannt. Noch heute berichten Schamaninnen und Schamanen in allen Kulturen, die noch mit dem Schamanismus verbunden leben, davon, dass sie sich in Trancezuständen in Vögel verwandeln. Federn als rituelles Zubehör und rituell eingesetzte Vogelmasken können den Seelenflug in die Bewusstseinswelten unterstützen.

Den Funden nach zu schließen, wurde von den Menschen der Vincakultur neben den Gemüsepflanzen auf den Feldern Schlafmohn angebaut. Auch die Hanf, Tollkirsche, Stechapfel und Alraune waren und sind in dieser Region heimisch und lassen die Vermutung zu, dass die Menschen damals die »Seelenflug-Qualitäten« dieser Pflanzen kannten und nutzten.

Körperhaltung
- Aufrecht auf einem Hocker oder Stuhl so sitzen, dass die Füße auf dem Boden stehen. Beine und Füße sind eng aneinandergeschlossen.
- Die Füße sind leicht vorgeschoben, sodass man die Zehen sieht, wenn man auf die Füße blickt.
- Die Oberschenkel stehen waagerecht zum Körper, sind weder nach oben angezogen, noch weisen sie schräg nach unten.
- Die Hände sind zu Fäusten geballt, der Daumen liegt auf dem Zeigefinger auf.
- Die Fäuste liegen vorn auf den seitlichen Beckenknochen mit Spannung so schräg auf, dass die Linie der Fingerknöchel nach oben zum Brustbein hinweist.
- Die Arme stehen seitlich vom Körper wie »Henkel« steif ab.
- Schultern ohne Spannung halten.
- Mit geradem Rücken leicht nach vorn beugen.
- Der Kopf wird gerade nach vorn gehalten, der Mund ist leicht geschlossen.

Erfahrungsschwerpunkte
Verwandlung. Reinigung. Erneuerung. Klarheit und Überblick. Ruhe, Gelassenheit. Verbindung von der Erde bis ins Universum.

Hinweis
Zur Unterstützung des Erlebens in der Trance kann eine Vogelmaske getragen werden. Die Anleitung für die Maske dieser Statuette ist auf Seite 80/81 zu finden.

Die Schlangenfrau von Kato Ierapetra
Circa 4500 bis 5000 v. u. Z., Kreta

Zum kulturellen Hintergrund
Edith Nef
Die geografische Lage bestimmte durch die Jahrtausende die geschichtliche Entwicklung Kretas. Zwischen drei Kontinenten gelegen – Europa, Asien und Afrika –, befand sich die Insel am Schnittpunkt der bedeutendsten kulturellen Strömungen.

Archäologische Funde lassen erkennen, dass Menschen seit mindestens 8000 Jahren in Kreta ansässig waren. Nach dem Ende der Eiszeit entstanden im Raum des östlichen Mittelmeeres die Voraussetzungen für eine Lebensweise, die auf Gartenbau und Viehzucht basierte und feste Wohnsitze kannte. Man errichtete Häuser, deren Unterteil aus Stein gebaut war und deren Oberteil aus Ziegeln und Ästen bestand, wie sich an den Überresten erkennen lässt, die in Knossos und Phaistos, den späteren Tempelanlagen, gefunden wurden. Es wurden aber auch weiterhin Höhlen bewohnt, die es in Kreta in großer Anzahl gab. Die benutzten Werkzeuge waren aus Knochen, Stein und Obsidian gefertigt.

Kulturgeschichtlich war Kreta wie das ganze östliche Mittelmeergebiet seit der frühen Jungsteinzeit ein großer Zivilisationsraum, in dem die Göttin verehrt wurde. Dies lässt sich anhand der zahlreichen, auf Bergheiligtümern und in Höhlen und Siedlungen gefundenen Figurinen und Idole belegen. Aber auch auf Siegeln und in der Keramik lässt sich deren Symbolik erkennen. Mythologisch gesehen, soll in Kreta unter anderen Danae, die Göttin mit der Schlange, verehrt worden sein.

Gemäß Kurt Derungs in *Der Kult der Großen Göttin* (James 2003) leitet sich das Wort *Ka* sprachgeschichtlich direkt von *Ca(r)* ab, das allgemein als Lebenskraftsymbol interpretiert wird. Wortwörtlich meint *Car* »Mondhorn« oder »wachsender Sichelmond«. In der Volksüberlieferung Nordafrikas ist Ka zudem die göttliche Wirkung, die in jeder Frau bewirkt, dass sie Leben hervorbringen kann. Ka befindet sich im Lebensfluss, im Lebenswasser und im

Schoß der Frau. Es geht unmittelbar zurück auf den Einfluss der Mondin Car, ihr wachsendes Horn, welches das Wachstum der Pflanzen, der Tiere und der Menschen bewirkt. Der Name »Kreta« leitet sich ebenso von »Car« ab wie »Carnac« in der Bretagne oder »Karnak« in Ägypten.

Die Tonstatuette der »Schlangenfrau« aus dunkelgrauem, poliertem Ton wurde 1934 an der Südküste Kretas in der Nähe von Kato Ierapetra (Heiliger Stein) gefunden. Ihre Entstehungszeit wird dem Neolithikum zugeordnet.

Sie ist circa 14,5 Zentimeter groß. An Armen, Beinen, Brüsten, Schulter und Rücken sind parallel verlaufende Linien eingeritzt.

Verschiedene Funde bezeugen, dass diese Art der halb schlangen-, halb menschenähnlichen Darstellung einer Schlangenfrau in dieser Zeitepoche auf Kreta und den ägäischen Inseln sehr verbreitet gewesen ist.

Körperhaltung
- Auf dem Boden sitzend. Der Unterschenkel des linken Beins liegt auf dem Unterschenkel des rechten.
- Rücken gerade, gestreckt. Spannung in die sehr aufrechte Haltung des Oberkörpers geben.
- Die Finger der Hände liegen aneinander an.

- Die gewölbten Hände liegen beidseitig auf den Hüftknochen, die Finger zeigen schräg nach unten.
- Die Arme werden vom Körper abstehend nach hinten gestreckt.
- Den Hals nach oben strecken.
- Kopf gerade nach vorn halten.
- Der Mund ist leicht geöffnet.

Erfahrungsschwerpunkte
Regenerierung der Lebenskraft, Lebenszyklus »Werden und Vergehen«, Schlangen.

Hinweis
Diese Haltung erfordert Erfahrung mit Trancehaltungen.

Die Mohnfrau von Gazi
Circa 1350 v. u. Z., Kreta

Zum kulturellen Hintergrund
Diese Terrakottafigur wurde in der Kultstätte Gazi auf Kreta gefunden. Sie stammt aus der bronzezeitlichen minoischen Kultur.

Diese Kultur ist benannt nach dem sagenhaften König Minos von Kreta und wurde neuesten Forschungen zufolge vor rund 3300

Jahren von einer gigantischen Flutwelle ausgelöscht. Auffällig bei dieser Statuette ist nicht nur ihr lächelnder Gesichtsausdruck, sondern auch der Stirnreif mit drei Mohnkapseln. Der Mohn war auch damals schon bekannt als »Pflanze der Freude«, als wichtiges Rausch- und Heilmittel, als Symbol der Fruchtbarkeit, des Schlafs und der Wiedergeburt. Bei den Griechen war der Mohn auch die Blume der Demeter, der Fruchtbarkeit spendenden Erdgöttin.

Aus der minoischen Kultur sind uns ähnliche Darstellungen von weiblichen Statuen bekannt, die sich alle durch die erhobenen Arme, eine kegelförmige Kopfbedeckung und einen mit Vögeln, Blumen oder Früchten bekränzten Kopf auszeichnen.

Körperhaltung

- Stehend. Die Knie sind leicht gebeugt, Füße stehen parallel, etwa eine Handbreit auseinander.
- Die Arme werden seitlich des Oberkörpers so angewinkelt, dass zwischen dem Oberarm und dem Unterarm und zwischen Unterarm und Oberkörper jeweils ein »V« entsteht.
- Die flach ausgestreckten Hände weisen mit den Handflächen nach vorn.
- Die Finger der Hände liegen zusammen, nur zwischen Daumen und Zeigefinger ist ein Abstand. Spannung in die Hände geben.
- Die Fingerspitzen befinden sich auf Ohrhöhe.
- Die Haltung ist sehr aufrecht, erhaben, stolz.
- Der Kopf wird gerade nach vorn gehalten.
- Der Mund ist leicht geöffnet, die Lippen werden leicht geschürzt wie zum Pfeifen.

Erfahrungsschwerpunkte

Kreislauf des Lebens – Saat und Ernte, Schützen und segnen. Transformation von Materie in Geist. Hände wie »Sonnen«, Sender und Empfänger von Lebensenergien.

Hinweise

Die Figur trägt einen Stirnreif, in dem drei Mohnkapseln stecken: Stirnreif oder Stirnband können die Intensität des Tranceerlebens fördern. Je nach Zusammenhang, in dem die Haltung erfahren werden soll, können auch Pflanzen, Federn und so weiter in das Stirnband als »Informationsantennen« gesteckt werden.

Es ist möglich, dass sich während der Trance ein »Pfeifton« entfaltet.

Die Vogelfrau von Thessalien
Circa 6000 v. u. Z., Griechenland

Zum kulturellen Hintergrund
Die Region Thessalien gehört zu Mittelgriechenland. In dieser Region liegt der Ort Sesklo, eine der ältesten Siedlungen des Landes. Erste Siedlungsfunde werden auf 6500 v. u. Z. datiert. Sesklo umfasste bereits rund 800 Häuser, was in jener Zeit einer beträchtlichen Größe entsprach. Um das Jahr 4000 v. u. Z. fiel Sesklo einem großen Brand zum Opfer und verlor danach seine vormalige große Bedeutung.

Der Ort gab einer Periode in der Frühzeit des Neolithikums in Griechenland seinen Namen: »Sesklo-Kultur«. Diese Haltung wurde als Keramikfigur bei Ausgrabungen in Sesklo gefunden. Man entdeckte auch eine fast vollständig erhaltene Töpferwerkstatt.

In dieser Kultur war das Weibliche mit der Sonne assoziiert, das Männliche mit dem Mond. Archäologische Funde zeigen häufig Figuren mit Vogel- und Pferdeattributen.

In der jüngeren griechischen Mythologie war Thessalien die Heimat der Kentauren. Dieses Fabelwesen mit Pferdeleib und menschlichem Oberkörper war Lehrer und Erzieher vieler Helden, so auch des Theseus, des Achilles und des Jason. Der Gott Asklepios (Äskulap) wurde ebenfalls von einem Kentauren in der Heilkunst unterrichtet.

Körperhaltung

- Auf dem Boden sitzend, beide Beine werden nach rechts abgewinkelt. Der linke Fuß liegt unter dem rechten Knie, das Körpergewicht liegt auf der linken Gesäßbacke.
- Der linke Arm wird steif gehalten, die linke Hand umfasst mit geschlossenen Fingern das linke Knie.
- Der rechte Arm ist gerade, ohne Spannung. Die rechte geschlossene Hand liegt mit Spannung auf dem rechten Knie.
- Beide Hände weisen schräg nach unten auf den Boden zwischen den Knien.
- Der Kopf wird leicht gebeugt und so nach rechts gedreht, dass sich der Blick mit geschlossenen Augen über das rechte Knie auf den Boden richtet.
- Rücken aufrecht, er wird durch die Haltung der Arme etwas nach hinten gestreckt.

Erlebnisschwerpunkte

Verwandlung. Wandel. Erneuerung. Schöpferische Kraft. Vögel, Pferde.

Hinweise

Die Originalfigur hat eine Vogelmaske über ihr Gesicht gezogen. Es kann das Erleben einer Verwandlung in der Trance unterstützen, eine »Vogelmaske« aufzusetzen. Die Anleitung für die Maske finden Sie auf Seite 80.

Es erleichtert das Sitzen, wenn ein Kissen unter die linke Gesäßbacke gelegt wird.

Die Sitzende von Naxos
Circa 2700 bis 2600 v. u. Z., Griechenland

Zum kulturellen Hintergrund
Bärbel Topp
Die Figurine »Die Sitzende von Naxos« ist 18 Zentimeter hoch, aus hellem Marmor geschaffen. Fundort ist ein Friedhof der griechischen Insel Naxos, eine der 56 Inseln der Kykladen. Wie die folgend beschriebene »Stehende von den Kykladen« zählt sie zu den sogenannten »Haltungen der Kykladen«.

Die Haltung der »Sitzenden von Naxos« findet sich auch bei zahlreichen kykladischen Idolen in stehender Haltung. In einigen Fällen ist die Haltung des linken Armes anders, so wie bei der Haltung des »Mannes von Hirschlanden«.

Die kykladische Gesellschaft entwickelte sich von einer bäuerlichen zu einer städtischen und wurde die führende Handelsmacht in der Ägäis.

Die ältesten kykladischen Figurinen ähneln in ihrer Leiblichkeit den Frauenfiguren der Altsteinzeit oder hatten eine abstrakte »Violinform«. In den folgenden Zeitperioden entstanden hier in ihrer Ausführung Figurinen, die sich durch klare, abstrahierende Formen auszeichnen (zum Beispiel dreieckige Kopfform, Arme als Stümpfe). Die Idole weisen oft Spuren von Farbe auf Mund, Augen, Brauen und Haar auf. Es wurden hauptsächlich weibliche Darstellungen gefunden, einmal abgesehen von der Kategorie der »Musikanten«, die als männliche Figuren dargestellt wurden. Ab circa 2300 v. u. Z. sind immer weniger Figurinen nachzuweisen. Es ist zu vermuten, dass die fortschreitende Urbanisierung zu neuen Glaubensvorstellungen führte. Mehr und mehr drang die minoische Kultur in die Kultur der Kykladen ein und bestimmte die kykladische Gesellschaft.

Körperhaltung
- Auf einem Hocker sitzend. Die Beine sind leicht ausgestreckt, fallen nach außen und sind so übereinandergelegt, dass der rechte Fußknöchel über dem linken liegt.
- Der linke Fuß steht mit der Fußfläche auf dem Boden auf, der rechte Fuß liegt mit der rechten Fußkante auf dem linken Fuß auf.

- Der rechte Oberarm liegt eng am Oberkörper an, der Unterarm umfasst den Bauchraum im rechten Winkel zum Oberarm.
- Die rechte Hand umfasst mit geschlossenen Fingern den Oberkörper.
- Der linke Oberarm liegt ebenfalls eng am Oberkörper an, der linke Unterarm liegt auf dem rechten Unterarm eng am Körper.
- Die linke Hand umfasst mit aneinandergeschlossenen Fingern den Körper.
- Der Kopf ist in den Nacken gelegt.
- Auch der Blick geht mit geschlossenen Augen nach oben.
- Rücken aufrecht halten.
- Mund geschlossen.

Variante
Haltung wie beschrieben, nur dass die Füße parallel circa einen Fußbreit auseinanderstehen.

Erfahrungsschwerpunkte
Verbindung zum Feld der Seelen, Begleitung Verstorbener während der vierzig Tage des Übergangs nach ihrem Tod. Tod als Initiation in etwas »Neues«. Übergang von einer Lebensphase in eine andere.

Die Stehende von den Kykladen
Circa 2300 v. u. Z., Griechenland

Kultureller Hintergrund
Wie die zuvor beschriebene »Sitzende von Naxos« (siehe dort) zählt sie zu den sogenannten »Haltungen der Kykladen«.

Körperhaltung
- Stehend. Die Füße stehen parallel, circa einen Fußbreit Abstand, und die Knie sind leicht gebeugt.
- Der rechte Oberarm liegt eng am Oberkörper an, der Unterarm umfasst den Bauchraum im rechten Winkel zum Oberarm.
- Die rechte Hand umfasst mit geschlossenen Fingern den Oberkörper.
- Der linke Oberarm liegt ebenfalls eng am Oberkörper an, der linke Unterarm liegt auf dem rechten Unterarm auf, eng am Körper.
- Die linke Hand umfasst mit geschlossenen Fingern den Körper.
- Der Kopf ist leicht in den Nacken gelegt.
- Auch der Blick mit geschlossenen Augen geht nach oben. Rücken gerade.
- Mund geschlossen.

Erfahrungsschwerpunkte
Siehe »Die Sitzende von Naxos«.

Hinweis
Es sind auch Statuetten aus anderen Kulturen – Inuit, Malta – bekannt, die mit ähnlichen Erlebnisschwerpunkten sich nur in der Haltung des rechten Arms unterscheiden.

Die Frau von Baza
600 v. u. Z., Spanien

Zum kulturellen Hintergrund
Spätestens seit dem 5. Jahrhundert v. u. Z. werden die Bewohner des südlichen Spanien »Iberer« genannt. Die iberische Kultur breitete sich von Südwestspanien entlang dem Guadalquivir und entlang der Südküste nach Valencia und Katalonien aus.

Ob sich die vielen kleinen Stämme als politische Einheit verstanden, wie sie sich selbst nannten und zu welcher Sprachgruppe sie gehörten, ist unbekannt. Die Schriftzeugnisse über sie stammen von Griechen und Römern. Einflüsse der Phönizier aus dem Libanon sind bis ins 2. Jahrtausend v. u. Z. nachweisbar.

Wenig ist über die Glaubensvorstellungen der Iberer bekannt. Es wurden keine Zeugnisse für »Götter« in Form von Abbildungen oder Tempelbauten aus der Zeit vor den Phöniziern gefunden. Erst mit den Phöniziern wurden Gottheiten aus deren Weltbild übernommen.

Die Iberer haben ihrer religiösen Vorstellung eher durch Orte und Zeichen Ausdruck gegeben als durch menschengestaltige Gottheiten.

In der iberischen Kultur wurden vorrangig Orte, die sich durch ihre besondere Lage auszeichneten, zu Kultstätten erhoben. So wurden nicht nur Höhlen und Quellen zu geweihten Orten, an denen kleine Statuetten und rituelle Objekte hinterlassen wurden, sondern auch Plätze, die an Hauptverkehrswegen lagen.

Die Skulptur, die den Namen »Dama de Baza« trägt, ist eine der wichtigsten Zeugnisse der iberischen Kultur. Es ist eine sitzende Frau, 130 Zentimeter hoch, aus grauem Kalkstein gehauen. Sie wurde 1971 bei Ausgrabungen in der Nähe der Stadt Baza gefunden.

Die Oberfläche der Steinskulptur war vollkommen mit Kreidefarben bemalt – in Blau, Rot, Braun und Schwarz. Der thronähnliche Sessel, auf dem die Frau sitzt, hat als Rückenlehne eine an Flügel erinnernde Form. Die Vorderbeine des Stuhls enden in Tierklauen.

Die Gesichtszüge der Frau sind nicht stark ausgearbeitet. Große Ohrgehänge sehen unter ihrem Kopfputz (Haube, Tuch) hervor. Die Frau ist reich mit Schmuck versehen: Vier Reifen umschließen den Hals, mehrere Reifen trägt sie an den Handgelenken, Ringe an den Fingern. Ein vorn geöffneter Mantel bedeckt das Haupt und den Körper. Das Kleid besteht aus einer blauen Tunika mit einer roten Abschlussbordüre, darunter sehen zwei weitere Röcke hervor.

Die Frau hält in ihrer linken Hand einen blau angemalten Vogel, dessen Kopf mit einem angedeuteten Auge aus der geschlossenen Faust herausschaut.

Es wurden mehrere ähnlich »thronende Frauen« gefunden. Die Gegend um Baza (Sierra de Baza) ist bekannt als eine der wichtigsten paläontologischen Fundgegenden des eurasiatischen Kontinents. Der Nachweis menschlicher Besiedlung dieser Gegend erstreckt sich auf eine Million Jahre, wahrscheinlich sogar 1,5 Millionen Jahre.

Körperhaltung

- Auf einem Stuhl sitzend. Den Rücken sehr aufrecht, gestreckt halten. Den Kopf gerade nach vorn.
- Den Mund öffnen, den Unterkiefer fallen lassen, dadurch entsteht eine leichte Spannung im Unterkiefer.
- Der linke Oberarm liegt ohne Spannung am Oberkörper an.
- Der linke Unterarm liegt auf dem linken Oberschenkel.
- Die linke Hand ist zu einer offenen Faust geformt, Daumen und Zeigefinger berühren sich, bilden einen Kreis. Aus diesem Kreis sieht der Kopf eines kleinen Vogels heraus (siehe unten). Die Fingerrücken weist senkrecht nach vorn.
- Der rechte Oberarm liegt ohne Spannung am Oberkörper an.
- Der rechte Unterarm liegt auf dem rechten Oberschenkel.
- Die rechte Hand umfasst mit geschlossenen Fingern seitlich das rechte Knie. Der Daumen liegt von der Hand abgespreizt auf dem Knie, weist auf das linke Knie. Die rechte Hand bildet eine kleine Wölbung, dadurch entsteht Spannung in der Hand.

- Aufmerksamkeit und etwas Spannung in die Füße geben, bewusster Kontakt zum Boden.

Erfahrungsschwerpunkte
Kreislauf von Geburt und Tod. Große Ruhe, Gelassenheit, beobachtend. Unberührtheit gegenüber dem Weltgeschehen. Vögel.

Hinweis
Es ist sehr empfehlenswert zur Vertiefung der Empfindung für die Haltung und in der Trance, wenn in der linken Hand anstelle eines Vogels etwas Weiches gehalten wird, was in die Öffnung zwischen Daumen und Zeigefinger passt – zum Beispiel ein mit Watte gefülltes Stoffbeutelchen oder ein Vogel aus Stoff.

Tanit
Circa 300 bis 400 v. u. Z., Ibiza

Zum kulturellen Hintergrund
Karin Richter, Monika Wegerhoff, Gabriele Wilhelm
Die Figur der Göttin Tanit ist aus Ton gebrannt und 47 Zentimeter hoch. Auf dem Kopf hat sie einen »Hut« aus reichem Blumenschmuck. Um den Hals trägt sie drei Halsketten mit rhombischen Anhängern und gemischten Blumenmotiven, die sich in den Mustern des Kleides wiederholen. Das Gewand ist fußknöchellang und mit Blumenmustern, Ähren, Trauben und Muschelspiralen verziert. Der Bauchbereich der Figur ist leer, ohne Ornament. In der Mitte des unteren Gewandteiles ist ein Kopf zu erkennen, den man als Medusa interpretieren kann. Die Füße stehen nackt in Sandalen auf einem kleinen Podest.

Auf Ibiza wurden zahlreiche ähnliche Tonfiguren gefunden. Sie alle werden der Göttin Tanit zugeschrieben. In einer der vielen Höhlen Ibizas, in der Höhle Es Cuieram, sind bis heute noch Spuren vom Glauben und den rituellen Handlungen der ersten Bewohner Ibizas zu finden. Es ist die Höhle der Tanit – Himmelsgöttin der Karthager, Muttergöttin der Erde, Göttin der Fruchtbarkeit und Schutzgöttin.

Die Höhle der Tanit reicht bis tief in den Berg hinein und ist bis heute noch nicht vollständig erforscht. Der tief gelegene, zentrale

Raum der Höhle wird beherrscht von einem großen, massiven Altarstein. Es ist anzunehmen, dass der Tanit hier Menschenopfer gebracht wurden.

Heute noch werden auf Ibiza Tänze aufgeführt, die als alte Fruchtbarkeitsrituale angesehen und auf das Jahr 1000 v. u. Z. datiert werden. Es wird angenommen, dass sich diese Tänze aus dem Verehrungskult der Göttin Tanit herleiten. Diese Fruchtbarkeitstänze finden an Brunnen, Springbrunnen und Wasserrädern statt – überall dort, wo das fließende Wasser für das Leben steht

Ibiza wurde vor circa 4000 Jahren besiedelt. Im Jahr 654 v. u. Z. landeten die Karthager hier und gründeten Ibiza-Stadt.

Körperhaltung
- Stehend, die Füße stehen parallel circa 10 Zentimeter auseinander, die Knie sind leicht gebeugt.
- Oberarme mit Spannung eng an den Oberkörper anlegen.
- Die Unterarme zeigen im rechten Winkel zu den Oberarmen nach vorn.
- Die Finger der Hände sind geschlossen und zu einer leichten Faust geformt. Die Fingerknöchel weisen senkrecht nach vorn.
- Die Daumen sind weit abgespreizt, werden mit Spannung senkrecht nach oben gehalten.
- Der Hals ist langgestreckt, das Kinn etwas zurückgezogen, sodass eine Spannung in Schulter, Hals, Nacken und Kinn entsteht.

- Rücken gerade.
- Der Mund ist leicht geöffnet.

Erfahrungsschwerpunkte
Verwurzelung in und mit der Erde. Leichtigkeit, Sinnlichkeit, Klarheit. Erneuerung des »Lebensflusses« durch Klang, Tanz. Wasser.

Hinweis
Die stark abgespreizten Daumen verstärken das Erleben in der Trance.

Die Frau von Gran Canaria
Circa 500 v. u. Z. bis 1500, Spanien

Zum kulturellen Hintergrund
Sabine Rittner
Der genaue Fundort der Statuette auf der Insel Gran Canaria ist unbekannt, wahrscheinlich wurde sie im Umfeld der alten prähispanischen Siedlung Tara gefunden. Daher wird diese Figur auch als »Idol von Tara« bezeichnet.

Die kleine, 26,1 Zentimeter hohe und 23,7 Zentimeter breite Figur aus gebranntem, bemaltem rotem Ton wird als eines der bedeutendsten Zeugnisse der Kultur der Altkanarier gesehen, auch wenn ihre Herkunft nicht eindeutig belegt ist.

Das Alter der Tonfigur wird mit »Vorgeschichte von Gran Canaria« angegeben, also circa 500 v. u. Z. bis zum 15. Jahrhundert.

Heute hat sich die Bezeichnung »Guanchen« für die Altkanarier als frühe Bewohner aller Kanarischen Inseln durchgesetzt. Die Inselgruppe der Kanaren liegt circa 150 Kilometer westlich von Marokko im Atlantik, sie gehört geografisch zu Afrika, seit der Eroberung im 15. Jahrhundert aber politisch zu Spanien. Die spanischen Eroberer berichteten, dass die Menschen auf den Kanarischen Inseln groß, kräftig, blauäugig und blond gewesen sein sollen. Diese Berichte und auch Reste in Namensgebungen und der Sprachgebrauch untermauern die Vermutungen, dass die Ureinwohner der Kanaren von den hellhäutigen Berbern Marokkos abstammten. Doch auch entflohene römische Sklaven und Phönizier werden als erste Siedler der Inseln angenommen.

Auf Gran Canaria gibt es zahlreiche rituelle Kultstätten der Altkanarier, besonders in Höhlen (Höhlenmalereien) und auf einigen Bergen sind noch Spuren alter Ritualplätze erkennbar. Die Höhlen wurden auch als Wohn- und Grabstätten genutzt. Die Leichen, vermutlich der Stammesältesten, wurden mumifiziert. An einigen Schädeln fand man Anzeichen von Trepanationen (Schädelöffnungen).

Vielleicht gehörte auch die Figur der »Frau von Gran Canaria« zu einem Ritual. Einige Vermutungen aus Archäologenkreisen zielen auf eine Zuordnung zu einem Fruchtbarkeitskult ab.

Einschnitte im Ton kennzeichnen im Gesicht Augen, Nase und Mund. Auch der Bauchnabel und die Vulva sind durch Einritzung fast abstrahiert dargestellt. Die Oberarme und Oberschenkel sind überproportional groß, der Kopf hingegen schmal, langgezogen und abgeflacht. Die Unterarme sind nur ansatzweise erhalten, sie waren vermutlich recht schmal und sind abgebrochen. Auf der Originalfigur sind deutlich die Stellen seitlich des Körpers zu erkennen, an denen die Hände in den Hüften aufgestützt waren.

Körperhaltung
- Im Schneidersitz, der rechte Unterschenkel liegt über dem linken. Sehr aufrecht sitzen, der Nacken ist gestreckt.
- Kopf geradeaus halten.
- Die Arme stehen seitlich »wie runde Henkel« vom Körper ab, die Hände stützen sich mit geschlossenen Fingern (Erfahrungswert) in der Taille ab. Die Hände weisen schräg nach unten zur Mitte hin.

- Nun aus der Hüfte heraus den Oberkörper weit nach hinten beugen, die Aufrichtung bleibt dabei schräg nach hinten erhalten, der Nacken bleibt gestreckt, das Gesicht zeigt weiterhin nach vorn.
- Der Mund ist geöffnet, die Lippen sind zu einem »O« gerundet.

Erfahrungsschwerpunkte

Stark energetisierend. Energie fließt in die Erde und nach oben. Hitze. Eingebundensein in den Kosmos. Kreislauf des Lebens – Werden und Vergehen. Fruchtbarkeit. Sinnlichkeit, Lust und Schmerz. Transformation.

Hinweise

Es kann sich aus dieser Mundhaltung heraus ein Ton entfalten. Tönen kann das Erleben in der Haltung unterstützen und das Halten der körperlich anstrengenden Position erleichtern.

Die starke Neigung des Oberkörpers nach hinten intensiviert das Erleben.

Diese Haltung erfordert Erfahrung mit Trancehaltungen.

Die Statuette von Xaghra

Circa 3500 v. u. Z., Malta

Zum kulturellen Hintergrund

Gitti Schwantes

Die ersten Zeugnisse einer Besiedlung der Inseln Maltas stammen aus dem frühen Neolithikum, etwa 5000 v. u. Z. Aufgrund von Ritzungen in Keramikscherben und der Zusammensetzung des Materials wird angenommen, dass die ersten Siedler aus Sizilien kamen (Sizilien ist 80 Kilometer entfernt). Etwa 3600 v. u. Z. begannen sie mit dem Bau von mehr als zwanzig Megalithtempeln, deren Reste heute zum Teil noch vorhanden sind. Die Tempel wurden mit erkennbaren astronomischen Bezügen gebaut und waren damals wohl überdacht und dunkel. Nach tausend Jahren verschwand die Kultur um 2500 v. u. Z.

Die frühen Tempel haben drei, die späteren bis zu sechs Apsiden und bestehen aus bis zu sieben Meter hohen und zwanzig

Tonnen schweren Kalksteinen. Diese Großbauten lassen vermuten, dass sie nur als Gemeinschaftsleistung größerer und gutorganisierter Menschengruppen vollbracht werden konnten und der Ort und das Geschehen für die Gemeinschaft daher sehr bedeutend gewesen sein muss.

In den Tempeln befinden sich noch heute Wandreliefs mit Tieren und Ornamenten, verzierte Altarblöcke und fensterartige Durchbrüche, die vermuten lassen, dass regelmäßig Rituale und Zeremonien gefeiert wurden. Da Messerklingen aus Feuerstein und Tierknochen gefunden wurden, vermutet man, dass Tieropfer dargeboten wurden. In einigen Tempeln gibt es zentral gelegene gerötete Feuerstellen, in denen nicht nur Tieropfer, sondern vielleicht auch Kräuter als Rauchopfer verbrannt wurden. Löcher im Boden könnten auf Trankopfer hindeuten.

In der Nähe zweier Tempel wurden Hypogäen (unterirdische Begräbnisstätten) mit menschlichen Skelettresten ausgegraben, die in ihrem Aufbau den oberirdischen Tempeln ähneln und einen engen Bezug zu den Tempeln nahelegen. Auf Malta ist es das Hypogäum Hal Saflieni in der Nähe des Tarxien-Tempels, auf Gozo ist es das Hypogäum des Xaghra Circle in der Nähe des Gantija-Tempels. Auch dort finden sich Altäre, und die Wände sind mit Ornamenten verziert. Einige Räume im Hypogäum Hal Saflieni haben eine so gute Akustik, dass vermutet werden kann, dort wurde gesungen und musiziert – vielleicht im Zusammenhang mit einem Tranceritual, denn es wurde eine liegende Statuette gefunden (»Sleeping Lady«), die vielleicht den heilenden Tempelschlaf repräsentiert. Die sorgfältige Gestaltung des Hypogäums kann außerdem auf einen Toten- beziehungsweise Ahn(inn)enkult hin deuten.

Sowohl in den Megalithtempeln als auch in den Hypogäen wurden Statuetten gefunden, die in ihrer Größe von 2 Zentimetern bis zu 2 Metern variieren. Die meisten haben einen sehr voluminösen Leib, teils mit ausgeprägten weiblichen Brüsten, zum Teil mit Ritzungen am Oberkörper, manche nackt, andere mit plissierten Röcken. Einige sind kopflos, manche besitzen »Steckköpfe«, die getrennt von den Statuetten gefunden wurden. Auch gibt es ockerfarbene Farbreste auf ihnen. Es wurden keine eindeutig männlichen Statuetten gefunden.

Die Statuetten stehen in Beziehung zu den Tempeln und Ornamenten. Sie könnten Begleiter für Seelenreisen oder Opfergaben gewesen sein. Aufgrund des voluminösen Körpers der Statuetten vermuten viele Forscher einen Zusammenhang mit einem Fruchtbarkeitskult mit einer Muttergottheit. Die als rituelle Körperhaltung erforschte Statuette aus Ton ist 6,5 Zentimeter hoch, 4,9 Zentimeter breit und 3,8 Zentimeter tief.

Die Tempel Maltas und das Hypogäum Hal Saflieni wurden in die Unesco-Liste des Weltkulturerbes aufgenommen.

Körperhaltung

- Erhöht (auf Hocker oder Stuhl) sitzend. Um das Voluminöse der Statuette spürbar zu machen, werden beim Einnehmen der Haltung die Pobacken auseinandergezogen.
- Rücken aufrecht halten.
- Füße parallel circa 10 Zentimeter auseinander. Die Zehenspitzen stehen auf dem Boden.
- Die Knie sind leicht geschlossen, ohne Druck.
- Der rechte Arm liegt ohne Spannung am Oberkörper an.
- Die rechte Hand liegt mit geschlossenen, gestreckten Fingern auf dem Bauchnabel, die Fingerspitzen zeigen diagonal nach links unten.
- Der linke Arm liegt möglichst gestreckt dicht am Körper an.
- Die linke Hand liegt mit geschlossenen Fingern auf dem linken Oberschenkel, dicht zum Körper hin.
- Spannung in die Hände geben.
- Der Kopf ist in den Nacken gelegt.
- Der Mund ist leicht geöffnet.

Erfahrungsschwerpunkte

Energiestrom zwischen Himmel und Erde, Verbindung des weiblichen und männlichen Prinzips. Stark energetisierend. Wandlung, Erneuerung. Tod und Geburt.

Die Frau von Hacilar
5600 v. u. Z., Anatolien

Zum kulturellen Hintergrund

Die Frauenstatuette aus mit Zacken und Linien bemaltem Speckstein und mit einem schlangenähnlichen Kopf gehört zu der großen Gruppe üppig dargestellter Frauenstatuetten, die in Hacilar beim anatolischen Burdur gefunden wurden.

Anatolien im Osten der Türkei ist ein stetig ansteigendes Hochland, von vielen Flüssen durchzogen und reich an Seen. Die beiden bedeutendsten Flüsse, die in der Türkei entspringen, sind Euphrat und Tigris.

Die Landschaften Anatoliens sind seit über 9000 Jahren die Heimat vieler unterschiedlicher Zivilisationen. Zu den frühesten stadtähnlichen Siedlungen (um 6500 v. u. Z.) zählen Catal Hüyük bei Konya und Hacilar bei Burdur.

Die Frauenstatuetten wurden an damaligen Orten religiöser Verehrung, aber auch in einfachen Wohnräumen gefunden. Sie vermitteln bis heute die das soziale und geistige Leben kraftvoll bestimmende Stellung der Frau in der Kultur von Hacilar.

Tiere aus Ton – Panther, Katzen – werden als Gefährten der Frauen dargestellt. Mischwesen von Frosch und Frau erzählen von der bewussten Verbindung der Frauen zu den heilsamen, die Fruchtbarkeit anregenden und schützenden Kräften der Natur. Frauenstatuetten in ähnlichen Brusthaltungen wurden im ganzen Raum Vorder- und Innerasiens gefunden, auch in Griechenland und Malta.

Körperhaltung
- Stehend. Die Füße stehen parallel circa 2 Fußbreit auseinander. Die Knie sind leicht gebeugt.
- Die Oberarme liegen locker am Oberkörper an und werden so weit nach hinten gestreckt, dass die leicht gewölbten Handflächen mit geschlossenen Fingern leicht unter den Brüsten liegen. Die Daumen liegen an den Zeigefingern an.
- Spannung in die Hände geben.
- Den Hals strecken, den Kopf geradeaus halten.
- Den Rücken sehr aufrecht halten.
- Der Mund ist leicht geschlossen (Erfahrungswert).
- Die Zunge an den Gaumen legen.

Erfahrungsschwerpunkte
Starke Energetisierung. Reinigung. Regenerierung. Würde, Kraft. Sinnlichkeit. Kreislauf von Werden und Vergehen. Schlangen, Vögel.

Hinweise
Wenn Männer in die kraftvolle Erfahrung dieser Haltung kommen möchten, können sie die Handflächen gewölbt auf die Brust legen.

Die Haltung eignet sich besonders gut für die Aktivierung von Heilprozessen.

Es ist auch möglich, sie sitzend auszuführen.

Die Frau von Tell Halaf
Circa 5500 v. u. Z., Syrien

Zum kulturellen Hintergrund
Die Tell-Halaf-Kultur bestand im 6. bis 5. Jahrtausend v. u. Z. in Nordmesopotamien und gehörte in ihrer Ausdehnung zu den größten Kulturen ihrer Zeit.

Im Gegensatz zu den fruchtbaren Flusstälern von Euphrat und Tigris war der Norden von einem rauen kalten Klima mit kalten Wintern geprägt. Der Fundort der Tonfigur war ein Ruinenhügel im Quellgebiet des Flusses Habur in Nordmesopotamien, der von den Einheimischen »Tell Halaf« genannt wurde. Nach diesem Hügel wurde die Kultur genannt, deren Zeugnisse man dort fand. Erstmalig in diesem Gebiet wurde eine Vielfalt an handgefertigter Buntkeramik ausgegraben. Die Buntkeramik war das Ergebnis des ersten regulierbaren Brennofens.

Die Bemalungen zeigen überwiegend geometrische Muster und figürliche Motive. Als Tierdarstellungen dominiert die Darstellung von Stieren.

Zur Zeit der Tell-Halaf-Kultur war das Leben der Menschen in Nordmesopotamien bestimmt von dörflichen Gemeinschaften, dem Anbau von Getreide, der Domestizierung von Schaf, Ziege, Schwein und Rind.

Den Funden zufolge war der zentrale Punkt des geistigen Lebens dieser Epoche die »Große Mutter«, die »Erdmutter, Kornmutter« als Lebensspenderin und Beschützerin der Vegetation, der Tiere und der Menschen. Zahlreiche der Statuetten zeigen Darstellungen von nährenden, fruchtbaren Frauen.

Auch die Darstellung des Stiers ist ein Symbol der Kraft der Lebenserneuerung. Vor diesem Hintergrund ist der Zusammenhang von Tod und Lebenserneuerung zu erkennen, der sich Funden nach darin ausdrückte, den vom Körper abgetrennten

Kopf des Toten neben einem Stierkopf in einem besonderen Raum aufzubewahren. Die Körper wurden ohne Kopf unter dem Hausfußboden bestattet.

Körperhaltung

- Auf dem Boden sitzend. Die Beine sind zum Körper hin angezogen, die Knie liegen dicht beieinander.
- Die Füße stehen etwa hüftbreit auf dem Boden auf und zeigen gerade nach vorn.
- Die Arme werden seitlich neben dem Oberkörper wie »Henkel« gehalten.
- Die rechte Hand wird mit geschlossenen Fingern leicht gewölbt. Die geschlossenen Finger liegen unter der linken Brust.
- Auch die linke Hand wird mit geschlossenen Fingern leicht gewölbt. Sie liegt auf Höhe des rechten Handgelenks unter der rechten Hand.
- Schultern entspannt.
- Kopf wird geradeaus gehalten.
- Der Mund ist leicht geschlossen (Erfahrungswert).

Erfahrungsschwerpunkte
Aktivierung, Harmonisierung und Stärkung der weiblichen Kraft. Schlangen.

Hinweise
Es wurden mehrere ähnliche Statuetten gefunden, alle sind mit einer Linienbemalung versehen. Die Figur aus Terrakotta weist eine Körperbemalung auf. Es führt erfahrungsgemäß in ein stärkeres Erleben in der Trance, wenn die Bemalung oder Teile davon ausgeführt werden.

Es ist auch sehr wirkungsvoll, anstelle der Bemalung mit Körpermalfarbe (oder auch Menstruationsblut) die Linien mit dem Finger oder Stift als energetische Informationslinien zu ziehen.

Die Bemalung von Unterschenkeln und Oberarmen ist auf dem Foto zu sehen. Im Gesicht verläuft eine Linie von Ohrmitte zu Ohrmitte, die über den Nasenrücken gezogen wird. Eine Linie verläuft von Ohrläppchen zu Ohrläppchen und zwischen Unterlippe und Kinnspitze.

Es kann ein Kissen zum besseren Sitzen in der Haltung untergelegt werden.

___Aus Nordamerika

Der Adena-Pfeifenkopf
Circa 500 v. u. Z. bis 100, Ohio

Zum kulturellen Hintergrund
Im Kernland des Volkes der Adena, im Ohiotal, das im Süden des heutigen Bundesstaates Ohio lag, wurden circa 500 Begräbnishügel, *mounds*, gefunden. Der berühmteste Erdhügel ist der »Schlangen-Mound«, der sich in Form einer Schlange circa 400 Meter lang, 1,5 Meter hoch und 6 Meter breit über einen Bergkamm windet.

Den Namen »Adena« gab man dieser Kultur nach einem Begräbnishügel, der auf dem Land eines Farmers namens Adena

stand. Wie die Menschen dieser Kultur sich selbst nannten, ist nicht bekannt.

Aus den vorgefundenen Gegenständen lässt sich darauf schließen, dass die Menschen der Adena-Kultur Tauschhandel zu weit entfernten Gebieten unterhielten, Hirsche, Elche und Kleinwild jagten, Sonnenblumen und Kürbis anbauten, Wildpflanzen und Nüsse sammelten.

Kostbare Grabbeigaben zeigen die große Kunstfertigkeit der Adena-Menschen: Keramiken, Schmuck aus Kupfer, Hartstein, Muscheln, Perlen. Die Begräbnishügel zeugen von einem ausgeprägten Totenkult. Unterschiedliche Arten von Begräbnissen und die Unterschiedlichkeit der Grabbeigaben lassen die Vermutung zu, dass die Adena-Kultur sich in den Jahrhunderten ihrer Blütezeit immer mehr zu einer hierarchisch strukturierten Gesellschaft entwickelte.

Als Grabbeigaben bei Männern fand man fast immer Tabakpfeifen. Ein besonders beeindruckendes Exemplar einer »Bildnis-Pfeife« wurde 1901 gefunden. Die menschliche Figur (5 x 6 x 20 Zentimeter) der »Adena-Pfeife« wurde aus Catlinit hergestellt, dem berühmten Pfeifenstein der Ureinwohner Nordamerikas.

Die Bildnispfeifen aus Stein sind schwer und fast nicht mit den Zähnen festzuhalten. Die Vermutung liegt nahe, dass die Bildnispfeifen nicht für den alltäglichen Gebrauch bestimmt waren, sondern eine kultisch-rituelle Bedeutung hatten.

Körperhaltung
– Die Füße stehen parallel, circa 15 Zentimeter auseinander. Die Knie werden tiefer gebeugt als bei den Haltungen üblich.

- Der Oberkörper wird aufrecht gehalten. Aus dieser aufrechten Haltung heraus wird das Becken so gekippt, dass das Gesäß etwas nach hinten heraussteht.
- Die Arme hängen seitlich am Körper gerade herab.
- Die Hände werden gewölbt, die Finger liegen aneinander.
- Der Daumen liegt auf dem Zeigefinger.
- Die gewölbten Hände liegen seitlich auf den Oberschenkeln auf.
- Spannung in die Hände geben.
- Der Mund ist weit geöffnet.
- Kopf geradeaus halten.

Erlebnisschwerpunkte
Besonders wirksam zur Aktivierung der Heilenergie geeignet. Erkennen dessen, was ist. Antworten auf wesentliche Fragen.

Hinweis
Diese Haltung eignet sich gut für erste Erfahrungen mit den Rituellen Körperhaltungen.

Der Hopewell-Mann
Circa 100 v. u. Z. bis 400, Ohio

Zum kulturellen Hintergrund
Gunni Falkner
Die Hopewell-Kultur wurzelt in der Adena-Kultur. Auch sie ist benannt nach dem Namen einer Farm in Ohio (Ross County).

Diese Kultur zeichnet sich aus durch ausgedehnten Fernhandel und überaus komplizierte Grabanlagen. Die Grabhügel und geometrischen Erdwallanlagen erstrecken sich oft über große Flächen. Monumentale Grabanlagen und archäologische Funde bezeugen die Wichtigkeit der Bestattungsbräuche und lassen detaillierte Rückschlüsse auf die politische und geistige Ordnung der Häuptlingstümer der Hopewell-Menschen zu.

Der Tod wurde diesen archäologischen Zeugnissen zufolge nur als Übergangsphänomen gesehen. Da das Leben in der Anderswelt sich genauso wie auf der Erde abspielte, versorgte man die Toten mit allem, was für sie im Erdenleben wichtig gewesen war. Es wird

vermutet, dass die Ablösung der Toten von den Lebenden allmählich geschah, von Ritualen begleitet war und erst nach längerer Zeit als abgeschlossen galt.

Körperhaltung
- Auf den Fersen sitzend, werden die Beine aneinandergeschlossen. Oberkörper sehr aufrecht. Die Arme liegen seitlich am Körper eng an.
- Die Hände liegen mit geschlossenen Fingern seitlich an den Oberschenkeln so an, dass die Fingerspitzen die Außenseite der Knie umfassen. Spannung in die Haltung der Hände geben.
- Den Kopf geradeaus halten, das Kinn leicht nach vorn schieben.
- Mund leicht geöffnet.

Erfahrungsschwerpunkte
Begleitung der Seelen Verstorbener. Gelassenheit, Gleichmut. Zentriertheit. Auflösung von Bedrohung.

Hinweise
Die Tonfigur zeigt einen aus Haaren geschlungenen Knoten auf der Stirnmitte. Haarknoten über der Stirn werden als Zeichen »religiöser« Ämter interpretiert. Dieser Haarknoten kann nachgebildet werden, indem man die Enden eines eng um den Kopf geschlungenen Dreiecktuchs auf der Stirn verknotet. Die so erzeugte Betonung

des »Dritten Auges« kann die Wahrnehmung in der Trance verstärken.

Auch über den Druck der seitlich an den Knien liegenden Hände kann das Tranceerlebnis verstärkt werden.

Die Haltung erfordert Erfahrung mit Trancehaltungen.

Das Paar von Etowah
Circa 900 bis 1500, Georgia

Zum kulturellen Hintergrund
Diese 60 Zentimeter hohen, aus Marmor gehauenen und teilweise bemalten Figuren wurden in Etowah in der Nähe von Cartersville/Georgia aufgefunden.

Etowah war zwischen den Jahren 900 und etwa 1550 bis zum Eintreffen der europäischen Eroberer ein bedeutendes politisches und religiöses Zentrum des Volkes der Cherokee. Zahlreiche Funde geben Zeugnis von der Bedeutung des Ortes, insbesondere die Anlage der sechs Erdhügel. Diese Erdhügel und Erdwälle waren Begräbnisstätten und rituelle Anlagen, teilweise mit tempelähnlichen Bauten versehen. Der größte Erdhügel, der als »Tempelhügel« betrachtet wird, hat eine Grundfläche von rund 90 Quadratmetern und erhebt sich zu einer Höhe von ungefähr 18 Metern.

An der Art der Begräbnisstätten konnten die Archäologen vieles ablesen über die soziale Struktur, die Zeremonien, Kleidung, Nahrung und Handel der Menschen von Etowah. Die Bewohner des Mississippigebiets hatten keine soziopolitische Hierarchie, die von Herrschern mit absoluter Macht regiert wurden. Im Gegenteil: Es war eine vielfältige Kultur, die von Hunderten lokaler großer und kleiner Gemeinschaften geteilt wurde. Ein gewisser Grad an kultureller Einheit über weite Gebiete im Mittleren Westen und im Süden entstand durch den Handel über große Entfernungen und die Teilhabe an einer gemeinsamen religiösen Tradition, die durch gemeinsame Kunststile und bestimmte Beerdigungspraktiken gekennzeichnet ist. Wahrscheinlich wurde eine Feuer-Sonnen-Gottheit verehrt.

Funde von Schmuck aus Muscheln, Körpertätowierungen, komplizierte Haartrachten, Ohrgehänge aus Federn und Kupfer, Figuren und Gegenstände aus Holz, Muscheln und Stein zeugen bis heute von dieser hochentwickelten Kultur. Die einzigartigen Steinfiguren, das »Paar von Etowah«, wurden in einer der 350 ausgegrabenen Begräbnisstätten aufgefunden.

Körperhaltung des Mannes
- Schneidersitz, das linke Bein liegt vor dem rechten. Die rechte Hand umfasst mit aneinander geschlossenen Fingern das rechte Knie so, dass die Finger gerade hinunter zur Erde weisen. Die linke Hand wird entsprechend der rechten gehalten.
- Die Arme sind so angewinkelt, dass die Hände das Knie umfassen können. Spannung in die Hände geben.
- Den Rücken sehr aufrecht gehalten, dabei leicht nach vorn gebeugt.
- Die Zunge liegt sichtbar zwischen den Lippen.

Körperhaltung der Frau
- Auf den Fersen sitzend, die Knie circa eine Handbreit auseinander. Die Hände umfassen seitlich mit geschlossenen Fingern den Oberschenkel.
- Die Daumen sind abgespreizt und liegen auf den Oberschenkeln. Spannung in die Hände geben.
- Die Arme berühren nicht den Oberkörper.
- Rücken aufrecht halten, leicht nach vorn strecken.
- Kopf leicht nach vorn strecken.
- Der Mund ist leicht geöffnet.

Erlebnisschwerpunkte
Wandel, Verwandlung. Wasser. Distanziertes Erkennen dessen, was ist. Große Vögel, Begleiter der Verstorbenen.

Mann und Frau tragen eine Gesichtsbemalung: eine blaugrüne Halbmaske, die vom Ohr zum Nasenflügel verläuft und Augenpartie und Stirn mit einbezieht.

Zum leichteren Sitzen in der Haltung kann ein Kissen auf die Fersen gelegt werden.

Der Wahrsager von Tennessee
Circa 800, Tennessee

Zum kulturellen Hintergrund
Die Nachweise über erste Besiedlungen im Gebiet des heutigen Bundesstaates Tennessee in den USA datieren auf circa 15 000 v. u. Z.

Nach dem Niedergang der Hopewell-Kultur entstand um das Jahr 800 die Mississippi-Kultur. Sie ist geprägt von der Entwicklung eines Gemeinwesens mit einer straffen Organisation im weltlichen und religiösen Leben. Die Menschen der Mississippi-Kultur erbauten zahlreiche Erdhügelanlagen, die als Zeremonialstätten und Begräbnishügel gedient haben. Kunstvoll gefertigte Keramiken mit Tierköpfen, gravierte Muschelschalen, Steinfiguren und Gegenstände aus Kupfer stellen Rituale und mythische Vorstellungen dar. Die kleine Figur des »Wahrsagers von Tennessee« aus rotem Sandstein stammt aus ebenjener Mississippi-Kultur, sie wurde 1939 in einer Begräbnisstätte im Bezirk Wilson County, Tennessee, gefunden.

Körperhaltung
- Kniend, das linke Bein so untergeschlagen, dass man auf der linken Ferse sitzt.
  Das rechte Bein angewinkelt so hochstellen, dass der rechte Fuß auf der Höhe des linken Knies steht.
- Der rechte Oberarm liegt am Oberkörper an.
- Der rechte Unterarm liegt so auf dem rechten Oberschenkel auf, dass die Hand mit geschlossenen Fingern seitlich das rechte Knie umfasst. Die Finger weisen schräg nach unten. Der Daumen ist abgespreizt.

- Der linke Oberarm liegt am Oberkörper an, der Unterarm liegt auf dem Oberschenkel auf. Die linke Hand umfasst seitlich das Knie. Die Finger sind geschlossen und weisen schräg zum Boden hin, der Daumen ist leicht abgespreizt.
- Der Kopf ist leicht angehoben, wird gerade gehalten und so gedreht, dass die Blickrichtung über das rechte Knie geht.
- Die Zungenspitze sichtbar zwischen die geschlossenen Lippen legen.
- Aus den eng auf den Oberschenkeln liegenden Unterarmen ergibt sich eine nach vorn gebeugte Haltung.

Erfahrungsschwerpunkte
Antwort auf alle möglichen Fragen. Erkennen dessen, was ist. Ruhe, Klarheit.

Hinweise
Die Figur hat eine rituelle Gesichtsbemalung: Eine schwarze Linie zieht sich von einem Ohrläppchen über den Nasenrücken zum anderen Ohrläppchen. Das Ziehen dieser Linie kann ein zentriertes Erleben in der Trance verstärken.

Die Figur aus Sandstein trägt eine eng anliegende Kappe. Das Tragen einer engen Kappe während der Trance erhöht die Konzentration.

Diese Haltung erfordert Erfahrung mit Trancehaltungen.

*Zum kulturhistorischen Hintergrund der olmekischen
Haltungen*

Von allen uns bekannten prähistorischen Kulturen zählt die Kultur
der Olmeken aus Mesoamerika zu den faszinierendsten und ge-
heimnisumwittertsten. Das Kerngebiet der Olmeken lag am südlichen Golf und im Hochland von Mexiko. Sie lebten dort von etwa
1600 bis 300 v. u. Z. und haben die gesamte Kultur der Region nachhaltig beeinflusst, oft werden sie als die »Kulturschöpfer Mittelamerikas« bezeichnet.

Über die Herkunft der Olmeken gibt es sehr unterschiedliche
Theorien. Kamen sie aus dem Inneren Asiens, aus China? Oder aus
Afrika? Oder aus dem nördlichen Südamerika?

Die Olmeken verständigten sich höchstwahrscheinlich in einer
Mixe-Zoque-Sprache (einer indigenen amerikanischen Sprachfami-
lie, die sich in die Zweige »Mixe« mit zehn und »Zoque« mit sieben
Sprachen gliedert). Wie sie sich selbst bezeichnet haben, wissen wir
nicht, da die Forschung die in Bildtafeln und Statuetten zahlreich
vorgefundenen Zeichen noch nicht eindeutig entschlüsseln konnte.
Die Azteken bezeichneten die Gruppen, die damals am Golf von Mexiko lebten, »Olmeca-Uixtotin«, abgeleitet von *olli* für »Kautschuk«.
Die Olmeken waren also »die Leute, die Gummi machen«.

Die Olmeken waren Gartenbauer, sie kultivierten Mais, Bohnen,
Kürbis, Kakao und andere Pflanzen. Zusätzlich lebten sie von der
Jagd und vom Fischfang. Unklar und umstritten ist bis heute, wie
die sozialpolitische Struktur der Olmeken aussah. Bei all der Dis-
kussion um die Gesellschaftsform prähistorischer Völker dürfen
wir nicht vergessen, dass auch Forscher häufig nur auf die bekannten Erklärungsmodelle zurückgreifen. So ist auch der Begriff des
»Häuptlingstums« eine Erfindung der Eroberer, um einen Verant-
wortlichen als Ansprechpartner zu haben.

Beeindruckend in ihrer Ausdruckskraft sind die Zeugnisse der
olmekischen Kultur: die riesigen, zehn bis zwanzig Tonnen schweren Porträtköpfe und vollplastischen menschlichen Figuren, die
künstlerisch ebenso vollendet gestaltet sind wie die kleinen, fein
ausgearbeiteten Figuren aus Jade und Serpentin. Von diesen Kunst-

werken tief bewegt, erklärte der Bildhauer Henry Moore, dass er auf der ganzen Welt und in allen Kulturen nichts Ebenbürtiges kenne.

Viele der im olmekischen Stil geschaffenen Objekte machen die Kosmologie der Olmeken, das schamanische Weltbild, sichtbar. Ein Großteil der Monumentalkunst und die auf den Skulpturen dokumentierten Trachten der Olmeken vermitteln wie Schautafeln symbolische, kosmologische und ideologische Informationen.

Auch die zahlreich gefundenen Ritualobjekte zeugen von der vielschichtigen schamanischen Kosmologie der olmekischen Kultur. Einige der gefundenen Objekte sind der Kategorie der Ritualwerkzeuge zuzuordnen, so zum Beispiel die »Eispickel« aus Jade, die zum Blutlassen verwendet wurden. Das »Blutlassen« als Tranceinduktion spielte eine wichtige Rolle in den alten Kulturen Mesoamerikas. Blut war eine magische Substanz, öffnete den Zugang zu der »heiligen«, nichtalltäglichen Wirklichkeit.

Auf vielen Ritualobjekten finden sich tierähnliche Wesen, die durch die Art ihrer zoomorphen Darstellung den Betrachtenden zu verstehen geben, dass Mensch und Tier die Grenze zwischen den Erscheinungsformen willentlich überschreiten können.

Viele Elemente in der Darstellung der zoomorphen Wesen sind dem Krokodil zuzuordnen. Dieses krokodilartige Wesen nimmt in der Kosmologie der Olmeken eine zentrale Stellung ein, es wird auch »der olmekische Drachen« genannt.

In der auf nachträglichen Quellen beruhenden Rekonstruktion des olmekischen Schöpfungsmythos schwamm zu Beginn der Zeiten der olmekische Drachen auf den Wassern der Schöpfung. In dieser mythischen Vergangenheit fand ein gigantischer Kampf statt, in dessen Verlauf der mythische Drachen in Stücke gebrochen wurde, aus denen der Raum der Erde und des Himmels gebildet wurden.

Der Körper des olmekischen Drachens bildet die Oberfläche der Erde, der zackige Rückenpanzer sind die Berge. Sein in den Darstellungen meist weit aufgerissener Rachen bildet die Pforte zwischen der alltäglichen und der anderen Wirklichkeit.

Andere Pforten als Kommunikationswege zwischen den Welten können auch geografische Punkte oder von Menschen geschaffene Strukturen wie zum Beispiel Ritualräume oder Ritualobjekte sein.

Solche Zugänge zu der anderen Wirklichkeit sind vielfach auch in der Gestalt des Schamanen personifiziert. In einigen Abbildungen auf monumentalen Skulpturen wird uns bildhaft vor Augen geführt, dass die abgebildete menschliche Figur, der Schamane, an dem Punkt des Übergang von der alltäglichen zu der anderen Wirklichkeit sitzt – und damit genau an dem Drehpunkt, an dem die Harmonie in der Natur im Gleichgewicht gehalten wird.

Die weibliche Kraft ist in ihrer zentralen Stellung besonders präsent in Zusammenhang mit den Schlangenskulpturen. Das Schlangenmaul wurde als der heiligste Platz auf Erden angesehen, es galt als Ort des Rückzugs, als kreative Gebärmutter, aus der alle Dinge geboren wurden und in die alle Dinge wieder zurückkehrten. Geschützt wird dieser heilige Ort durch Reihen von gefährlichen Zähnen – Beißen und Essen geht dem Wachstum ebenso voraus, wie die Befruchtung der Geburt vorausgeht.

Auch bei den Darstellungen des olmekischen Drachens sind häufig Schlangenmerkmale zu erkennen, zum Beispiel gegabelte Zungen und gespaltene Fangzähne.

Skulpturen und Stelen der Olmeken zeigen das ganze Spektrum der schamanischen Weltansicht: Verwandlungen vom Menschen ins Tier, Gleichstellung von Mensch und Tier, Trancezustände, beseelte Umwelt.

Auch von einem heute gesellschaftlich nicht gern gesehenen Zugang zur »wahren Wirklichkeit« erzählen uns einige Objekte olmekischer Kunst: Skulpturen, Pfeifen und besonders geformte Löffel bezeugen, dass die Olmeken ebenso die Veränderung der Wahrnehmungsfilter über psychoaktive Pflanzen und das Hautsekret der Kröte kannten.

Einen Zugang zu kennen heißt allerdings noch nicht, dass man in der Lage ist, das dahinterliegende Land zu betreten, Erkennender zu werden. Das erforderte damals wie heute eine innere und äußere Arbeit, die Verwurzelung in der alltäglichen, gewöhnlichen Reali-

Olmekischer Drachen

tät, um die Schwelle zur »anderen Wirklichkeit« überschreiten zu können – und auch wieder willentlich über sie zurückzuschreiten.

Das Wissen der Olmeken um eine Kosmologie der Einheit alles Lebendigen, der Verbindung aller Bewusstseinswelten, erreicht uns immer noch – wenn wir uns mit wachen Sinnen auf die Zeugen ihrer Kultur einlassen.

Der tätowierte Jaguar
1400 bis 400 v. u. Z., Mexiko (Olmeken)

Zum kulturellen Hintergrund der olmekischen Darstellungen anthropomorpher Wesen
Zahlreiche Skulpturen der Olmeken stellen Wesen dar, die sowohl menschliche als auch tierische Merkmale aufweisen. Menschen, deren Kopf und Körperhaltung die einer Raubkatze sind, sind besonders häufig vertreten. Doch auch Attribute von Schlangen und Vögeln an menschlichen Körpern erzählen von dem im Schamanismus zentralen Thema der Verwandtschaft zwischen Mensch und Tier. Das Wissen um diese Verwandtschaft und die besondere Fähigkeit einiger Menschen (Schamanen), Bewusstseinszustände willentlich zu verändern und sich zu verwandeln, Form und Energien zu ändern, waren, den Funden nach zu schließen, ein zentraler Bestandteil des geistigen Lebens der Olmeken. Für viele der mittel- und südamerikanischen indigenen Völker ist es bis heute noch so, dass jeder biologische Jaguar immer auch ein »Geist-Jaguar« oder ein »verwandelter Schamane« sein kann. Den geflügelten Gegenpart zum Jaguar übernimmt bei den alten Kulturen Mesoamerikas der Harpienadler, der Jaguar der Lüfte.

Die Schlange, die mythische Anakonda, wird als »Jaguar des Wassers« gesehen. So ist der Jaguar ein Vermittler zwischen den Welten von Erde, Wasser und Luft, zwischen Tag und Nacht, zwischen der materiellen und der geistigen Welt.

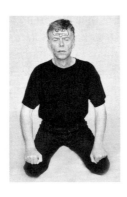

Körperhaltung

- Sitzen auf den Fersen mit weit auseinandergespreizten Oberschenkeln. Die großen Zehen berühren sich.
- Die Arme sind leicht angewinkelt, stehen vom Körper ab.
- Die Hände sind zu Fäusten geformt.
- Die Fäuste liegen auf den abgewinkelten Fingerknöcheln – die senkrecht nach vorn weisen – kurz vor der Kniescheibe auf.
- Die Arme stützen sich steif auf die »Pfoten«.
- Dadurch wird der Oberkörper nach vorn geneigt.
- Kopf geradeaus halten, leicht erhoben.
- Mund leicht geöffnet.

Erfahrungsschwerpunkte

Wachsamkeit, Zentrierung. Sich der eigenen Kraft bewusst sein. Wandlung, Verwandlung. Raubkatzen.

Hinweise

Zur Intensivierung der Trance kann die Stirn mit einem Teil der Kopftätowierung bemalt werden. Die Anleitung dazu finden Sie auf Seite 77.

Zur bequemeren Sitzhaltung kann ein Kissen auf die Fersen gelegt werden.

Der stehende Jaguarmensch

Circa 900 bis 600 v. u. Z., Mexiko (Olmeken)

Zum kulturellen Hintergrund

Siehe oben »Zum kulturhistorischen Hintergrund der olmekischen Haltungen« und »Zum kulturellen Hintergrund der olmekischen Darstellungen anthropomorpher Wesen«.

Körperhaltung
- Stehend, die Beine auf Hüftbreite auseinanderstellen. Der rechte Fuß steht eine halbe Fußlänge vor dem linken Fuß. Das Körpergewicht liegt auf dem rechten Bein.
- Die Knie sind gebeugt. Becken nach vorn schieben.
- Der linke Arm ist gerade durchgestreckt, steht seitlich vom Körper ab, ohne den Körper zu berühren.

- Die linke Hand wird zu einer Faust geschlossen und so gehalten, dass der Handrücken als gerade Fläche nach oben weist. Die Reihe der geschlossenen Finger zeigt senkrecht nach vorn, der Daumen liegt draußen an.
- Der rechte Oberarm liegt am Oberkörper an.
- Der Unterarm ist gerade nach vorn gestreckt.
- Die rechte Hand ist zu einer geschlossenen Faust geformt, der Daumen liegt oben. Die Knöchelreihe der Faust zeigt waagerecht nach vorn.
- Kopf geradeaus halten.
- Der Mund ist breit geöffnet, die Zähne sind zu sehen.
- Rücken aufrecht.

Erfahrungsschwerpunkte
Bereitschaft, zu schützen und zu verteidigen. Unerschütterliches Vertrauen. Zeitlos. Vom »Ich« losgelöst. Wiederherstellung gestörter Ordnungen in Gemeinschaften. Wandel, Verwandlung. Stark energetisierend. Raubkatzen.

Hinweis
Die circa 10 Zentimeter große Figur aus Serpentin, ein »Wehrjaguar«, ist in der mexikanischen Provinz Tuxtlas gefunden worden.

Der kauernde Jaguarmensch
Circa 1000 bis 500 v. u. Z., Mexiko (Olmeken)

Zum kulturellen Hintergrund
Siehe oben »Zum kulturhistorischen Hintergrund der olmekischen Haltungen« und »Zum kulturellen Hintergrund der olmekischen Darstellungen anthropomorpher Wesen«.

Körperhaltung
- Sitzend auf der rechten Ferse. Ein Kissen unter Fuß und Schienbein zu legen, erleichtert es, das Gleichgewicht zu halten.
- Das linke Bein ist hochgestellt.
- Der linke Fuß steht auf der Höhe des rechten Knies auf. Fuß und Knie sind circa zwei Fußbreit auseinander.
- Der rechte Arm liegt so am Körper, dass der Unterarm auf dem Oberschenkel liegt. Die rechte Hand liegt mit geschlossenen Fingern zu einer gewölbten »Pfote« geformt oberhalb der Kniescheibe auf.
- Der linke Arm ist angewinkelt, liegt mit dem Unterarm nah am Handgelenk auf dem Knie auf.
- Die linke Hand liegt mit geschlossenen Fingern zu einer gewölbten »Pfote« geformt auf der Innenseite der linken Kniescheibe auf. Die Fingerspitzen liegen auf der Wade.
- Den Kopf weit in den Nacken legen, geradeaus halten.
- Den Mund öffnen, dabei in die Breite ziehen, sodass Spannung in den Mundwinkeln entsteht.
- Sehr aufrecht sitzen.

Erfahrungsschwerpunkte
Antworten auf Fragen. Sich der eigenen Kraft bewusst sein. Geborgenheit, Ruhe. Wandel, Verwandlung. Wildkatzen.

Hinweis
Die circa 10 Zentimeter hohe Figur besteht aus dunkelgrünem Serpentin mit Farbspuren von rotem Pigment. Sie wurde in der Region von Tabasco gefunden.

Der olmekische Prinz
Circa 1100 bis 600 v. u. Z., Mexiko (Olmeken)

Zum kulturellen Hintergrund
Siehe oben »Zum kulturhistorischen Hintergrund der olmekischen Haltungen«.

Körperhaltung
- Auf dem Boden sitzend, das rechte Bein vor dem linken, werden die Arme gerade gestreckt.
- Die Hände werden zu Fäusten geformt, die Daumen liegen außen an.
- Die Fäuste liegen auf den Fingerknöcheln am Boden auf, sodass die erste Knöchelreihe vom Handrücken aus nach vorn weist.

- Die linke Faust liegt so geformt eng an der linken Fußspitze an.
- Die rechte Faust liegt circa 10 Zentimeter vor dem rechten Bein auf, ungefähr auf der Mitte der Wade.
- Die steif durchgestreckten Arme stützen sich auf die Fäuste am Boden.

- Der Rücken ist gerade, der Oberkörper ist nach vorn gestreckt.
- Den Kopf geradeaus halten, nach vorn strecken.
- Mund leicht öffnen.
- Spannung im Rücken und in den Armen.

Erfahrungsschwerpunkte
Stark energetisierend. Zentriertheit. Achtsamkeit. Wachheit. Leichtigkeit. Sinnliches Körpererleben. Veränderung, Wandel. Wildkatzen.

Hinweis
Die Figur des olmekischen Prinzen stammt aus der Region von Tabasco.

Der olmekische Wahrsager
900 bis 500 v. u. Z., Mexiko (Olmeken)

Zum kulturellen Hintergrund
Siehe oben »Zum kulturhistorischen Hintergrund der olmekischen Haltungen«.

Körperhaltung
- Auf dem Boden sehr aufrecht sitzend. Das Knie des rechten Beins wird so angezogen, dass die Fußsohle auf dem Boden aufliegt. Das linke Bein liegt abgewinkelt auf dem Boden. Die Fußsohle des linken Beins stützt sich gegen die Innenseite (Rist) des rechten Fußes ab.

- Der rechte Arm liegt mit der Armbeuge auf dem rechten Knie, der Unterarm fällt auf das Schienbein herunter.
- Die Finger der rechten Hand sind aneinandergeschlossen, leicht gewölbt wie »Pfötchen«. Die Hand weist leicht schräg zum Fuß hin.
- Der linke Arm steht seitlich vom Körper ab. Die Finger der linken Hand sind geschlossen. Die leicht gewölbte Hand liegt kurz vor dem Knie auf der Innenseite des Oberschenkels auf.

- Spannung im linken Arm und in der linken Hand.
- Spannung im Mundwinkel.
- Der Mund ist geöffnet, in die Breite gezogen, sodass Spannung in den Mundwinkeln entsteht.
- Kopf geradeaus halten, Kinn etwas anheben.

Erfahrungsschwerpunkte
Große Hitze. Gelassenes Erkennen dessen, was ist. Klarheit. Antwort auf Fragen. Schlangen.

Hinweis
Der olmekische Wahrsager stammt aus der Region von Puebla.

Das olmekische Kind
Circa 1100 bis 900 v. u. Z., Mexiko (Olmeken)

Zum kulturellen Hintergrund
Siehe oben »Zum kulturhistorischen Hintergrund der olmekischen Haltungen«.

Eine kleine Geschichte über eine mächtige Haltung
Dr. Felicitas D. Goodman
Bei einer der ersten Erfahrungen mit dieser Haltung 1997 im Cuyamungue-Institut/New Mexico erlangten wir in den Erlebnissen überraschende Einblicke in die Geschichte der Olmeken. Die Berichte waren logisch geordnet und ergaben in der Runde ein zusammenhängend aufgebautes Bild.

»Zu uralten Zeiten«, wurde uns berichtet, »sind wir in den Sternen beheimatet gewesen. Eines Tages beschlossen wir, ins Weltall hinauszufliegen. Jahrtausendelang kreisten wir auf Energielinien durch das Weltall, bis plötzlich etwas Unerwartetes geschah: Wir strandeten auf einem festen Platz. Dieser Ort war heiß, es gab viele Bäume.«

Es wurde mehrfach auf ein Loch hingewiesen, das in die Erde führte. Wir wissen von Ausgrabungen im olmekischen Gebiet, dass dort öfter Eingänge in die Erde gefunden wurden, die mit einer steinernen Umrandung versehen waren. Auf Bildtafeln sind »Priester«

dargestellt, die aus solchen Erdöffnungen heraufsteigen, auf den Armen ein stilisiertes Kleinkind.

»Ich sah viele schwarze Schlangen, eine besonders mächtige schwarze Schlange baute ein Nest«: Wie wir aus archäologischen Funden wissen, spielt die Riesenschlange, der olmekische Drachen, im religiösen Leben und damit im künstlerischen Schaffen der Olmeken und ihrer Nachfahren eine überwältigende Rolle.

Was wir im Erleben hier geschenkt bekommen haben, ist meines Erachtens nach ein überzeugendes Beispiel dessen, was wir »spirituelle Archäologie« nennen.

Einige Zeit später wurde bekannt, dass eine Gruppe von Archäologen in den steilen Uferfelsen des La-Venta-Flusses die dortigen Höhlen nach altem Kulturgut durchsuchten. Zu ihrer Überraschung entdeckten sie dabei eine ganze Reihe von Skeletten von geopferten Kleinkindern, ein bis zwei Jahre alt. Die Schädel waren zu Räuchergefäßen umgestaltet worden. Aus diesen und anderen Funden war klar, dass dies hier Kultstätten waren. Es handelte sich um olmekische Opferstätten – und um den Ursprung des »Olmekenbabykults«.

Was für uns wichtig ist, ist die Tatsache, dass die Olmekenbabys wohl die Geister der in den Höhlen geopferten Kleinkinder sind und dass sie sich uns in der Trance offensichtlich wohlwollend mit ihrer gesamten Welt geoffenbart haben.

Körperhaltung

– Auf dem Boden sitzend. Die Beine werden weit auseinandergegrätscht. Das linke Bein ist leicht angewinkelt ausgestreckt, fällt nach außen. Der linke Fuß liegt auf der äußeren Fußkante am Boden auf. Das rechte Bein ist leicht nach oben angezogen, der Fuß liegt nur auf der Ferse auf. Das angewinkelte Bein fällt nach außen.

- Der linke Arm ist gerade durchgestreckt. Die linke Hand hält sich mit geschlossenen Fingern an der Außenseite des Knies fest, umfasst es seitlich.
- Der rechte Arm ist vom Körper abgewinkelt.
- Der Handballen der rechten Hand liegt mit geschlossenen, gewölbten Fingern (»Pfötchen«) auf dem Knie auf. Die Finger zeigen gerade auf den Fuß hinunter.
- Der Kopf wird etwas nach vorn gestreckt, geradeaus gehalten.
- Becken nach vorn schieben.
- Der Mund ist geöffnet.
- Kopf wird gerade gehalten, leicht nach rechts gewendet.

Erfahrungsschwerpunkte
Eignet sich besonders gut für die Aktivierung von Heilprozessen. Sinnliches Körpererleben, Glücksgefühl, Geborgenheit, Sicherheit, Klarheit. Erneuerung. Reinigung. Schlangen.

Hinweise
Das rechte, angewinkelte Bein kann an der Wade mit einem daruntergeschobenen Kissen gestützt werden.
Diese Haltung erfordert Erfahrung mit Trancehaltungen.

Die Skelettfrau von Santa Cruz
1200 bis 900 v. u. Z., Mexiko (Olmeken)

Zum kulturellen Hintergrund
Siehe oben »Zum kulturhistorischen Hintergrund der olmekischen Haltungen« und »Zum kulturellen Hintergrund der olmekischen Darstellungen anthropomorpher Wesen«.

Körperhaltung
- Kniend. Die Beine weit auseinandergespreizt. Zwischen den Fersen sitzend, auf einer zusammengerollten Decke.
- Die Arme liegen am Körper an.
- Die Hände umfassen mit auseinandergespreizten Fingern die äußere Seite der Knie.
- Die Brust nach vorn strecken, das Gesäß nach hinten ausstrecken.

- Den Kopf geradeaus halten, in den Nacken legen.
- Den Mund weit öffnen, Unterkiefer herunterfallen lassen.

Erfahrungsschwerpunkte
Kreislauf des Lebens – Werden und Vergehen. Überpersönliches, zeitloses Erleben. Wasser als Lebensspender. Mutter der Menschen und Götter. Große Hitze.

Hinweise
Die Figur der »Skelettfrau von Santa Cruz« ist aus Ton, 21,6 Zentimeter hoch und als Gefäß gearbeitet.
Diese Haltung erfordert Erfahrung mit Trancehaltungen.

Die Frau von Tlatilco
Circa 1300 bis 550 v. u. Z., Mexiko

Zum kulturellen Hintergrund
Die Kultur von Tlatilco im Hochland von Mexiko hatte ihr Zentrum, die Stadt Tlatilco, in der Nähe der heutigen Hauptstadt Mexico City am See Texcoco. Dieser See ist heute ausgetrocknet. Der Name »Tlatilco« hat die Bedeutung »Der Ort, wo die Dinge versteckt liegen«.

In etwa 500 Grabstätten wurden Figuren von Tänzerinnen, Akrobaten, Schamanen oder anderen geistigen Führungspersonen gefunden, die auf den kulturellen Einfluss der Olmeken schließen lassen. Unter den Frauenfigurinen fallen besonders die auch »Pretty Ladies« genannten Frauen mit den sehr lang gestreckten Gesichtern auf. Viele der Figuren waren zerbrochen, wahrscheinlich im Zusammenhang mit dem Ritual der Beigaben für die Verstorbenen.

Auffallend ist die Häufigkeit und Vielfalt der gefundenen Keramikgefäße in Form von Tieren, vor allem Enten und Fischen. Die früheste Darstellung eines als mexikanischer Nackthund benannten Hundes, datiert auf etwa 1700 v. u. Z., wurde auch in Tlatilco gefunden. Es ist die älteste bekannte Darstellung eines Hundes auf dem amerikanischen Kontinent. Die Mexikaner nennen den Hund »Xoloitzcuintle«: »Hund des Gottes Xolotl«.

Es wurden nur sehr wenige Darstellungen von Männern gefunden. Über die Kultur und das geistige Weltbild der Menschen von Tlatilco sind nur Mutmaßungen möglich, es wurden keine Spuren ritueller, sakraler Bauten in Tlatilco entdeckt.

  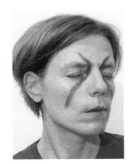

Körperhaltung
- Auf dem Boden sitzend. Das linke Bein ist hochgestellt. Der Fuß liegt mit der Fußsohle auf dem Boden auf und weist gerade nach vorn. Das rechte Bein liegt angewinkelt auf dem Boden. Der rechte Fuß liegt mit der Fußsohle am Innenrand (Rist) des linken Fußes.
- Der linke Arm liegt mit dem Ellbogen auf dem linken Knie auf, die linke Hand liegt mit geschlossenen Fingern auf der rechten Brust.
- Der rechte Arm ist mit Spannung gestreckt.
- Die rechte Hand umfasst mit geschlossenen Fingern den rechten Fuß so auf der hochstehenden Fußkante, dass der Mittelfinger den großen Zeh bedeckt.
- Der Kopf blickt in gerader Haltung nach links über das hochgestellte Knie.
- Der Mund ist leicht geöffnet.

Erfahrungsschwerpunkte

Antworten auf Fragen. Nüchternes Erkennen dessen, was ist. Leichtigkeit. Gelassenheit, Weite.

Hinweis

Die Figur zeigt eine Gesichtsbemalung. Diese Bemalung kann das Erleben in der Trance verstärken (siehe Abbildung).

Der Maya-Mann
400 bis 600, Mexiko

Zum kulturellen Hintergrund

Diese hölzerne Skulptur eines knienden Mannes wurde im Grenzgebiet Tabasco–Mexiko–Petén–Guatemala gefunden. Der genaue Fundort ist nicht bekannt, auch kulturelle Herkunft und Bedeutung sind nicht eindeutig zuzuordnen. Die Figur entspricht in ihrer Haltung bekannten Darstellungen in der Malerei der Maya, obwohl nur selten Männer in dieser Stellung dargestellt wurden. Die kleine Sattelnase, die vorgewölbte Stirn und der »Tatarenschnurrbart« entsprechen nicht dem Maya-Ideal, sondern widersprechen ihm vielmehr.

Die Attribute der Figur weisen auf einen Ballspieler hin. Das Ballspiel wurde als rituelles Nachvollziehen eines kosmologischen Vorgangs gesehen: der tägliche Gang der Sonne am Himmel, ihr nächtlicher Gang durch die Unterwelt und die Notwendigkeit, sich für ihren Weg Nahrung durch Opfer (Menschenopfer) zu beschaffen.

Körperhaltung

- Mit weit auseinandergespreizten Knien auf den Fersen sitzend. Die Arme sind auf Schulterhöhe angehoben, die Unterarme werden so abgewinkelt, dass die zu Fäusten geformten Hände sich vor dem Brustbein berühren und am Brustbein (Thymusdrüse) aufliegen.
- Die geschlossenen Fäuste werden so mit Spannung gegeneinandergehalten, dass die Knöchel der einen Hand in die Zwischenräume der Knöchel der anderen Hand passen. Die Hand-

rücken zeigen nach oben und bilden eine gerade Fläche von Handrücken zu Handrücken.
- Den Rücken sehr aufrecht halten.
- Der Kopf wird leicht in den Nacken gelegt.
- Der Mund ist geöffnet, etwas in die Breite gezogen.

Variante
Diese Haltung kann auch im Stehen ausgeübt werden. Dazu stehen die Beine mit tief gebeugten Knien hüftbreit auseinander.

Erfahrungsschwerpunkte
Starke Energetisierung. Zentrierung. Verbindung mit der eigenen Kraft. Regenerierung. Sinnlichkeit, Lebensfreude. Kreislauf von Werden und Vergehen.

Hinweise
Figuren in dieser Haltung wurden auch als Zeugnisse der mittelminoischen Kultur (2000 bis 1700 v. u. Z.) in Griechenland sowie in Persien (100 bis 300) gefunden.

Es erleichtert den Sitz in der Haltung, wenn unter die Füße und zwischen Ferse und Gesäß Kissen oder Decken gelegt werden.

Die Pfeifenfrau von Jaina
Circa 600 bis 900, Mexiko

Zum kulturellen Hintergrund
Die Insel Jaina liegt nur wenige Kilometer vor der Küste Yucatáns im Bundesstaat Campeche. Sie ist etwa 1 Kilometer lang und misst an der breitesten Stelle nur circa 700 Meter. Sie ist vom Festland lediglich etwa 60 Meter entfernt. Zur Zeit der Maya war sie durch einen Damm mit dem Festland verbunden. Die Insel war bewohnt, die Häuser gruppierten sich um einen von Pyramiden umgebenen Platz.

Jaina diente den Maya in der vorspanischen Zeit über fünf Jahrhunderte lang als Begräbnisstätte, sie legten schätzungsweise 20 000 Grabstätten an. In den archäologisch bereits erforschten Grabstätten wurden die Verstorbenen in Hockstellung in rot gefärbte Tücher eingewickelt aufgefunden, mit Jadeperlen im Mund und reichen Beigaben versehen. Vor allem fand man in den Gräbern kleine Terrakottafiguren. Einige dieser Figuren zeigen Deformationen, die von Wissenschaftlern als Hautkrankheiten gedeutet werden. Diese Statuetten – circa 20 Zentimeter groß, teils in Modeln gegossen, teils mit der Hand geformt – und die vielfältigen anderen Grabbeigaben bezeugen die hohe Kunst der älteren Maya-Kultur aus der spätklassischen Zeit (circa 600 bis circa 900).

Vor der Ankunft der Spanier hieß die Insel »Haus des Wassers« *(Ja'ilnah)* oder »Ort des Wassers« *(Ja'nal)*.

Zwischen 700 und 800 brach die klassische Maya-Kultur zusammen. Diese Figur der »Pfeifenfrau« stammt somit aus einer Zeit des Übergangs von einer alten in eine neue, noch unbekannte Kultur.

Die Hohlfigur ist als Pfeife gearbeitet, der hohe Kopfputz bildet das Mundstück. Bis heute ist in Mittelamerika die Technik bekannt, durch hohe Töne aus Tonpfeifen einen Trancezustand einzuleiten. Pfeifen als Statuetten waren auch häufig Grabbeigaben, um durch den Klang der Seele eine

Brücke zu bauen in die Totenwelt, die Welt
der Ahnen und der Götter.

Körperhaltung
- Schneidersitz, rechtes Bein liegt vor
  dem linken. Der rechte Arm ist durchge-
  streckt, die rechte Hand umfasst mit geschlossenen Fingern das rechte Knie. Der
  Daumen der rechten Hand ist abge-
  spreizt, liegt auf der Innenseite des Knies.
- Die aneinandergeschlossenen Finger weisen zum Boden hin.
- Der linke Oberarm liegt ohne Spannung am Oberkörper an.
- Der linke Unterarm wird so nach vorn angewinkelt, dass er mit
  dem Oberarm ein »V« bildet.
- Die linke Hand wird mit geschlossenen Fingern zu einer »Scha-
  le« geformt.
- Der Kopf wird leicht zur linken Hand hin gesenkt. Der Blick geht
  – mit geschlossenen Augen – in die Handfläche.
- Rücken aufrecht.
- Der Mund ist leicht geöffnet.

Erfahrungsschwerpunkte
Das Leben gelassen betrachten, zeitlos. Weite, Ruhe, Zufriedenheit.
Große Hitze, starke Energetisierung. Erkennen der Notwendigkeit
von Veränderung: Nichts bleibt, wie es ist. Stärkung für das noch
unbekannte Kommende.

Hinweise
Aufgrund der menschlichen Anatomie kann die Haltung nicht so
aufrecht gehalten werden, wie es die Statuette zeigt. Je nachdem,
wie tief die Beine im Schneidersitz gehalten werden können, kann
der Oberkörper etwas nach hinten kippen.
  Diese Haltung erfordert Erfahrung mit Trancehaltungen.

Die Frau von Cholula
700 v. u. Z. bis 1300, Mexiko

Zum kulturellen Hintergrund
Um 200 v. u. Z. entstand im Hochland Mexikos in der Nähe der heutigen Stadt Puebla das religiöse und wirtschaftliche Zentrum von Cholula –»der Ort des heraussprudelnden Wassers«. In dieser Zeit wurde auch mit dem Bau der größten Stufenpyramide Mexikos begonnen (damals 120 Meter Seitenlänge im Quadrat, circa 20 Meter hoch), die später mehrfach von anderen Pyramiden überbaut wurde. Heute steht eine Kirche auf dem »Pyramidenhügel«. Cholula ist die älteste Stadt in Mexiko.

Die Geschichte Cholulas war wechselvoll und von verschiedenen Völkern und Kulturen geprägt (unter anderen Totonaken, Olmeca-Xicalanga, Tolteken-Chichimeken, Mixteca-Puebla-Kultur, Azteken).

Bei den Ausgrabungsarbeiten am »Pyramidenhügel« entdeckten Archäologen beeindruckende Wandmalereien über eine Länge von 56 Metern. Auf diesen Abbildungen trinken Menschen Pulque, ein rituelles Getränk, das aus dem stark zuckerhaltigen Saft der Agave gewonnen wird.

In Cholula wurden zwei kleine weibliche Tonfiguren gefunden, die beide in gleicher Haltung und in gleicher Ausstattung auf Stühlen saßen.

Körperhaltung
- Auf einem Stuhl sitzend. Die Füße stehen parallel und sind etwa hüftbreit auseinandergestellt.
- Der rechte Arm liegt ohne Spannung so am Körper, dass die rechte gestreckte Hand mit geschlossenen Fingern auf der Mitte des rechten Oberschenkels aufliegt. Die Finger weisen zum Knie.

- Der linke Arm ist mit Spannung gestreckt. Die linke Hand umfasst mit geschlossenen Fingern seitlich das Knie.
- Der Rücken wird aufrecht gehalten, neigt sich durch die Armhaltung leicht nach vorn.
- Der Kopf wird geradeaus gehalten.
- Die Zunge steckt sichtbar zwischen den Lippen.

Erfahrungsschwerpunkte
Klare, einfache Antworten auf Fragen, großmütterlich liebevoll. Regenerierung, Wandel.

Hinweise
Die Originalfigur zeigt auffällige Attribute: Kopfbedeckung und Kragen. Diese Attribute zu tragen, kann das Erleben in der Trance verstärken. Die Anleitung zur Herstellung finden Sie auf Seite 81. Diese Haltung eignet sich gut für erste Erfahrungen mit den Rituellen Körperhaltungen.

Die Frau von El Zapotal
Circa 600 bis 900, Mexiko

Zum kulturellen Hintergrund
Diese 1,55 Zentimeter große weibliche Keramikfigur stammt aus den Gräbern von El Zapotal im Küstengebiet des heutigen Bundesstaates Veracruz. Die dort zahlreich gefundenen, oft menschengroßen Tonfiguren waren offensichtlich Beigaben für die Verstorbenen. Diese archäologische Stätte wird »Heiligtum für den Tod« genannt.

Die Keramikfigur der »Frau von Zapotal« zeigt die »Frühlingsgöttin« der Totonaken. Sie trägt einen Gürtel aus Meeresschnecken, Halskette und Armbänder sind ebenfalls aus Schnecken gefertigt. Auf ihrem Kopf ist ein Aufbau, der zwei Schlangenköpfe zeigt.

Die Totonaken waren eine der Hochkulturen Mesoamerikas (circa 400 bis 900) und wurden von den Tolteken und Azteken unterworfen. Die Zeugnisse ihrer Kultur (unter anderen Sonnen- und Mondpyramide, Pyramide von Tajin) zählen zu den höchstentwickelten der vorspanischen Zeit.

Körperhaltung

- Sehr aufrecht stehen, die Knie leicht gebeugt. Die Füße parallel circa 15 Zentimeter auseinander. Spannung in den Stand der Füße geben.
- Kopf geradeaus halten.
- Der Mund ist weit geöffnet.
- Der rechte Arm steht seitlich etwas vom Körper ab, ist gerade gestreckt.
- Die rechte Hand bildet mit zur Handfläche hin gestreckten, aneinandergeschlossenen Fingern eine Schale.
- Der Daumen liegt außen am Zeigefinger an.
- Der linke Arm steht etwas vom Oberkörper ab.
- Der Unterarm ist im Ellbogen angewinkelt, weist gerade nach vorn.
- Die linke Hand bildet mit zur Handfläche hin gestreckten, aneinandergeschlossenen Fingern eine Schale. Spannung in die Hände geben.

Erfahrungsschwerpunkte

Lebensenergie durch Einatmen aufnehmen und verwandelt abgeben. Heilungsritual. Stärkung der Seelenkraft. Leichtigkeit, Freude. Weite. Frieden. In sich ruhen. Wachstum. Schlangen. Flugerleben. Klangwahrnehmung.

Hinweise

Die offene Mundhaltung lädt dazu ein, einen Ton entstehen zu lassen. Bleibt der Mund weit geöffnet, ohne dass ein Ton gebildet wird, entsteht die sehr starke Empfindung, dass durch den offenen Mund eine Energie eingeatmet und aufgenommen wird, die durch den Körper hindurch in die Erde geht und wieder abgegeben wird.

Der Vogelmann von Veracruz
Circa 100 bis 900, Mexiko

Zum kulturellen Hintergrund

Die 61 Zentimeter große Figur aus gebranntem Ton stammt aus der klassischen Veracruz-Kultur im Gebiet der Golfküste von Mexiko. Die Bezeichnung dieser Kultur umfasst keine soziale, ethnische oder kulturelle Einheit, sondern ist eine Benennung für benachbarte Volksgruppen. Diese verbanden bestimmte kulturelle Entwicklungsprozesse und Eigenheiten wie das Ballspiel oder der Kunst- und Architekturstil. Das Ballspiel bildete den Eckpfeiler der Kosmologie und Religion der klassischen Veracruz-Kultur. Ein anderer wichtiger Bestandteil des religiösen Lebens war der »Pulque-Kult«.

Als Pulque oder auch Mezcal wird der stark zuckerhaltige Saft der Agave im Pflanzenschaft unterhalb ihrer Blattkrone bezeichnet, der von der Pflanze selbständig fermentiert wird. Einen Monat lang bildet die Pflanze täglich bis zu 2 Liter des berauschenden Saftes.

Einige der Terrakottafiguren sind mit breit lächelnden Gesichtern dargestellt, wahrscheinlich weisen sie auf einen Zusammenhang zu dem Ritualgetränk hin. Von den Azteken ist bekannt, dass Pulque ein heiliges Getränk der Götter war und nur rituell getrunken werden durfte, hauptsächlich um Zukunftsvisionen zu erlangen. Daher wurde es ein zentraler Bestandteil aller Zeremonien, auch im Rahmen der Vorbereitung für das Ritual des Ballspiels. Die Ballspielplätze waren bedeutende Orte der Kommunikation zwischen Menschen und Göttern.

Die klassische Veracruz-Epoche war eine mächtige, durch Eliten geprägte Kultur. Die Astrologie spielte eine große Rolle, was sich in der Bezeichnung »Venus-Kult« widerspiegelt. Der Planet Venus wurde als Schutzherrin über den Krieg geachtet. Man glaubte, dass die Gottheit des Planeten Venus in den neun Tagen zischen dem Verschwinden der Venus als Abendstern und ihrem Wiedererscheinen als Morgenstern in die Unterwelt hinabstieg. Die Metropole der Veracruz-Kultur war El Tajín.

Körperhaltung
- Sehr aufrecht stehend. Die Beine sind hüftbreit gespreizt, die Knie leicht gebeugt. Die Füße sind schräg nach außen gestellt.
- Die Arme sind im Ellbogen leicht gebeugt und werden seitlich vom Körper so nach vorn hochgehoben, dass die Hände ungefähr auf Höhe der Oberschenkel sind.
- Die Arme berühren den Körper nicht.
- Die Handflächen der flach gestreckten Hände zeigen mit aneinandergeschlossenen Fingern nach vorn.
- Die Hände sind im Handgelenk so steil abgewinkelt, dass die Fingerspitzen gerade nach unten zum Boden weisen.
- Spannung in die Hände geben.
- Kopf geradeaus halten.
- Mund geöffnet, in die Breite ziehen.

Erfahrungsschwerpunkte
Tiefes Versinken in der Stille, in der eigenen Kraft ruhen. Empfangen und Abgeben von Energieströmen. Integration von Macht und Liebe. Klare Antworten auf Fragen. Verwandlung. Vögel, Schlangen.

Hinweis
Die Figur trägt einen helmartigen Kopfschmuck, ein breiter Vogelschnabel steht über der Nasenwurzel. Es verstärkt das Erleben in der Trance, wenn eine einfache »Vogelmaske« über die Stirn gezogen wird. Eine Anleitung zu deren Herstellung finden Sie auf Seite 80.

Der Schamane von Colima
Circa 500 v. u. Z. bis 300, Mexiko

Zum kulturellen Hintergrund der Colima- und Jalisco-Haltungen
Das Wissen über die präkolumbischen Kulturen an der Pazifikküste
Mexikos, zu denen auch Colima und Jalisco gehören, beruht größ-
tenteils auf den zahlreichen Funden aus den Schachtgräbern.

Schachtgräber aus der Zeit von 300 v. u. Z. bis 200 wurden in
Mesoamerika nur in Westmexiko gefunden. Ein Schachtgrab kennzeichnet sich durch einen zentralen Schacht von circa 2 bis 4 Metern im Durchmesser und 2 bis 16 Metern in der Tiefe. Vom Zentral-
schacht zweigen seitliche Grabkammern ab, die fast immer in
Nord-Süd-Richtung angelegt sind. Der Schacht war nach oben hin
mit einer Steinplatte abgedeckt. Die Datierung der vielfältigen
Grabbeigaben weist darauf hin, dass einige Grabkomplexe über
lange Zeiträume in Gebrauch waren.

Die Grabfiguren spiegeln häufig Szenen des Alltags wider, aber
eine große Zahl der Statuetten legt zweifelsfrei Zeugnis ab vom rituellen Leben, dem Ahnenkult und dem schamanischen Weltbild
der Menschen von Colima und Jalisco zwischen 500 v. u. Z. bis 300
in unserer Zeit.

So tragen einige der bis zu 50 Zentimeter hohen Figuren aus den
Schachtgräbern von Colima einen gehörnten Kopfschmuck, wie
auch die von uns erforschte Figur. In den meisten Kulturen Mesoamerikas tragen »gehörnte« Figuren zwei Hörner, nur die Figuren
aus Colima tragen häufig ein einziges Horn, umwickelt von Bändern.

Die Bänder der von uns erforschten Figur als Körperhaltung
trägt Strichzeichen, die an Symbole für die DNA erinnern. Dieses
Horn war und ist immer noch in allen schamanischen Kulturen ein
Zeichen der Fähigkeit des Schamanen, kundiger Reisender und
Mittler zwischen den Welten zu sein. Es gibt eine These, nach der
diese Art der Darstellung eines Schamanen mit Horn nicht die Dar-
stellung eines Einzelnen ist, sondern den »Patron« der Schamanen
darstellt. Die Hörner der Schamanen-Figuren werden von einigen
Forschern auch als halluzinogene Pilze gedeutet, die heute noch in
Schamanenritualen in Mexiko von Bedeutung sind.

 Obwohl die Fauna Westmexikos von vielen Tieren bevölkert war, zeigen die Grabfunde hauptsächlich Papageien und Hunde – und Darstellungen von nichtnatürlichen Tierwesen wie zum Beispiel geflügelten oder doppelköpfigen Schlangen und Doppelvögeln. Papageien und vor allem Hunde sind in einigen der alten Kulturen Westmexikos (zum Beispiel der Huichol) die Führer und Boten, die die Toten in die Unterwelt geleiten.

Auffällig bei den Figuren aus den Schachtgräbern von Colima und Jalisco ist auch, dass viele der Figuren nach links blicken. Bis heute existiert in den dortigen Kulturen die Vorstellung, dass alles Bedrohliche – Krankheit, Gefahr und der Tod – aus dieser Richtung kommen. Vielleicht sind die nach links blickenden Figuren aus den Schachtgräbern die Wächter oder Hüter der Verstorbenen gewesen.

Die Grabbeigaben aus Jalisco und Colima sind auch stumme Beweise dafür, dass Frauen eine wichtige gesellschaftliche Stellung bei diesen Völkern der Westküste einnahmen, denn sie sind hier viel häufiger dargestellt als in anderen Teilen Mexikos. Für diese Annahme spricht auch, dass die Azteken das Gebiet später »Ort der Frauen« nannten. Einige der Frauenfiguren zeigen eine auffällige Armhaltung: Ein Arm ist nach vorn gestreckt, oder die Arme sind so angewinkelt, dass die Hände den Hinterkopf umfassen. Diese Gebärden werden von Archäologen als »um Fruchtbarkeit bittend« gedeutet.

Körperhaltung
- Auf dem Boden sitzend. Rücken aufrecht. Die Beine sind so angewinkelt, dass zwischen Ober- und Unterschenkel ein rechter Winkel entsteht. Die Fußsohlen liegen sich gegenüber, circa 15 Zentimeter auseinander.
- Die Arme stehen seitlich vom Oberkörper ab. Sie sind so angewinkelt, dass die zu Fäusten geformten Hände an der Innenseite der Knie neben der Kniescheibe aufgestützt sind. Die Fingerknöchel weisen nach vorn, die Daumen liegen auf den Fäusten.

- Spannung in die Hände geben.
- Mund geschlossen.
- Kopf geradeaus halten.

Erlebnisschwerpunkte
Stark energetisierend, große Hitze. Sinnliche Körpererfahrung. Lebensfreude. Reinigung des Zellsystems. Verbrennen von Altem, Überflüssigem.

Hinweise
Das Tranceerleben kann intensiviert werden, wenn ein »Horn« mit dem Kopfband und Zeichen getragen wird. Die Originalfigur aus Keramik trägt auch am Hinterkopf ein Horn. Die Haltung eignet sich besonders gut für die Aktivierung von Heilprozessen.

Die stehende Frau von Jalisco
200 v. u. Z. bis 350, Mexiko

Zum kulturellen Hintergrund
Siehe oben »Zum kulturellen Hintergrund der Colima- und Jalisco-Haltungen«.

Körperhaltung
- Stehend, Füße parallel, circa 15 Zentimeter auseinander. Spannung in den festen Stand der Füße geben, die Füße als sehr breit empfinden.
- Die Hände mit aneinanderliegenden Fingern umfassen den Nacken so, dass die Hände ohne besondere Spannung auf der Höhe der Ohren am Hinterkopf liegen.
- Die Fingerspitzen der Hände berühren sich.
- Zu Beginn der Trance die Ellbogen nach vorn richten, Unterarme parallel.

- Nach einer Weile (der eigenen Empfindung folgen) die Ellbogen so weit seitlich nach hinten strecken, wie es möglich ist.
- Kopf etwas anheben, geradeaus halten.
- Den Mund weit öffnen.
- Während der Trance kann sich ein Ton entfalten.

Erfahrungsschwerpunkte
Aktivierung von Heilungsprozessen. Herzöffnung. Fliegen. Weite. Freiheit. Energetisierend, stärkend. Der Klang klärt, öffnet zur Verbindung zwischen Menschen und Welten.

Hinweise
Das Tönen mit geöffnetem Mund sollte nicht forciert werden, sondern sich ohne Anstrengung behutsam entfalten.

Die Füße der Figur sind außergewöhnlich groß und breit dargestellt. Es kann das Erleben in der Trance verstärken, wenn kurz vor der Trance Aufmerksamkeit in die Empfindung von außerordentlich großen Füßen gegeben wird.

Die Figur ist aus Terrakotta, 54 Zentimeter groß. Sie wurde auch kniend mit gleicher Armhaltung gefunden.

Die Sitzenden von Jalisco
200 v. u. Z. bis 350, Mexiko

Zum kulturellen Hintergrund
Siehe oben »Zum kulturellen Hintergrund
der Colima- und Jalisco-Haltungen«.

Körperhaltung der Frau
- Kniend, auf den Fersen sitzend. Die
  Beine werden circa 15 Zentimeter aus-
  einandergestellt.
- Der rechte Arm ist auf Schulterhöhe gerade nach vorn gestreckt.
- Die rechte Hand zeigt mit gerade gestreckter Handfläche und
  aneinandergeschlossenen Fingern nach vorn.
- Die linke Hand liegt mit aneinandergeschlossenen Fingern auf
  der linken Seite des Hinterkopfs.
- Der linke Arm zeigt mit dem Ellbogen geradeaus nach vorn.
- Spannung in die Hände geben.
- Rücken sehr aufrecht.
- Kopf geradeaus halten.
- Mund ist geöffnet, in die Breite gezogen.

Körperhaltung des Mannes
- Auf dem Boden sitzend, die Knie weit zum Körper hochziehen.
  Die Füße stehen parallel, circa 20 Zentimeter auseinander.

- Den Oberkörper mit gerade gehaltenem Rücken aus der Hüfte heraus nach vorn beugen.
- Kopf geradeaus halten und mit der Beugung des Oberkörpers mitnehmen, ihn nicht besonders senken oder anheben. Mund geöffnet.
- Armhaltung und Handhaltung entsprechen der Frauenhaltung.
- Spannung in die Hände geben.

Erfahrungsschwerpunkte
Werden und Vergehen. Unendlichkeit des Lebenskreislaufs. Empfangen und Schützen des neuen Lebens. Linksbetonte Körperempfindungen. Durchschreiten der drei Welten. Der ausgestreckte Arm wird als Geste der Abgrenzung und des Schutzes erfahren.

Hinweise
Die Erfahrung hat uns gezeigt, dass die »Männerhaltung« auch von Frauen eingenommen werden kann – und umgekehrt.
Ein untergelegtes Kissen erleichtert das Sitzen in der Haltung.
Die kniende Frauenfigur aus Terrakotta hat auffällig bemalte Brüste. Die Bemalung zeigt eine blütenförmige Anordnung von Spiralen.

Die Frau von Atotonilco (Jalisco)
Circa 0 bis 250, Mexiko

Zum kulturellen Hintergrund
Siehe oben »Zum kulturellen Hintergrund der Colima- und Jalisco-Haltungen«.

Körperhaltung
- Auf dem Boden sitzend, beide Beine zeigen nach rechts. Ein Kissen unter die linke Gesäßhälfte legen, damit der Körper gerade gehalten werden kann.
- Die linke Hand liegt mit geschlossenen Fingern so auf der linken Hüfte, dass die Hand von der Taille schräg nach unten auf den Schoß zeigt.

- Der Oberarm liegt nicht am Körper an.
- Die rechte Hand liegt mit geschlossenen Fingern seitlich so am Hals, dass der Mittelfinger das Ohrläppchen berührt.
- Der rechte Arm liegt am Oberkörper an.
- Rücken sehr aufrecht halten.
- Kopf geradeaus halten.
- Mund geschlossen.
- Spannung in die Hände geben.

Erfahrungsschwerpunkte
Eignet sich besonders gut für die Aktivierung von Heilprozessen. Starke Hitze. Reinigung. Tiefe Ruhe, Stille. Werden und Vergehen.

Hinweise
In diesen Sitz kommt man leicht, wenn man sich aus einer knienden Haltung heraus zur linken Seite fallen lässt.
Die Hände der Originalfigur sind weiß bemalt.

Die Dreizehn-Schlangen-Göttin
Circa 400 bis circa 600, Mexiko (Zapoteken)

Zum kulturellen Hintergrund der zapotekischen Haltungen
Kristine Bauer
Die Zapoteken, das »Wolkenvolk«, besiedelten etwa 800 bis 500 v. u. Z. das Tal von Oaxaca, in dem vor ihnen schon die Olmeken gesiedelt hatten. Die Zapoteken kamen vermutlich aus den südlichen Teilen Zentralamerikas.

Ihr geistiges Zentrum war die Tempelstadt Monte Albán (Weißer Berg), die 400 Meter über dem Oaxacatal auf einem Gipfel erbaut wurde. Die Gründer Monte Albáns hatten die Spitze des Berges abtragen lassen, sodass ein künstliches Plateau von 700 Metern Länge und 250 Metern Breite entstand.

Stufenpyramiden, Paläste, Tempel, ein Observatorium, ein Ballspielplatz und megalithische Grabkammern, mit polychromen Fresken bemalt und reichen Grabbeigaben versehen, zeugen von der Kultur der Zapoteken, die nach ihrem Untergang um 800 unserer Zeit das Zentrum der Mixteken wurde. Die Zapoteken waren großartige Baumeister und Künstler. Stelen aus Stein, Skulpturen aus Ton, große Figurengefäße und aus Jadestücken zusammengesetzte Masken der Fledermausgottheit gehören zu den Zeugnissen dieser hochentwickelten Kultur. Viele der fein gearbeiteten Figuren waren nur für rituelle Zwecke bestimmt, die schönsten Terrakottaarbeiten wurden als Grabbeigaben gefunden.

Die Zapoteken kannten den Kalender und auch Zahlen- und Schriftzeichen, die auf Piktogrammen beruhten.

Die weltliche Herrschaft lag in den Händen des Königs, dem auch das Militär unterstand. Das religiöse Oberhaupt war der Hohepriester, den die Zapoteken den »großen Seher« nannten. Er hütete auch den Ort, an dem nach ihren Vorstellungen »das Tor zur Unterwelt« war. Dorthin gingen die, die den Tod erwarteten.

Die Zapoteken verehrten einen obersten Schöpfergott, in dem sich Leben und Tod, Weibliches und Männliches vereinte, sowie Götter für Regen, Vegetation, Mais und die Unterwelt. Auch der gefürchtete und bewunderte Jaguar wurde in einer eigenen Gottheit verehrt, ebenso die Fledermaus. Für Sonne und Krieg gab es denselben Gott, der in einer großen Scheibe thronend dargestellt wurde.

Durch Orakel konnten die Priester der Zapoteken mit ihren Göttern sprechen, ihre Wünsche und Anweisungen deuten. Mit Opferblut von Tieren und Menschen wurde den Göttern gehuldigt. Man befürchtete, dass die Sonne, die unentgeltlich Licht und Lebenswärme spendete, eines Tages verlöschen könnte, wenn man ihr nicht die kostbarsten Gaben darbrächte: das menschliche Blut, das menschliche Herz. Auch das berühmte Ballspiel mit einem Kautschukball diente dazu, für den Weiterbestand des Universums zu sorgen. Der Ball, der symbolisch für die Sonne stand, wurde von besonders ausgebildeten Spielern von Ost nach West und durch die Unterwelt von West nach Ost getragen. Der Spielführer und die Verlierermannschaft wurden nach dem Spiel den Göttern geopfert – ihr Blut galt als besonders bevorzugt.

Nach 700 gaben die Zapoteken die Tempelstadt Monte Albán auf. Als die Spanier eindrangen, standen die Zapoteken bereits unter der Herrschaft der Mixteken. Schätzungsweise leben heute noch etwa 785 000 Zapoteken in Mexiko.

Körperhaltung
- Schneidersitz, das rechte Bein liegt vor dem linken. Die Arme sind so vor dem Brustkorb gekreuzt, dass das Handgelenk der rechten Hand über dem Handgelenk der linken Hand liegt. Die Finger beider Hände sind aneinandergeschlossen und gerade ausgestreckt.
- Die Oberarme liegen am Oberkörper an.
- Der Kopf ist leicht nach oben angehoben, blickt geradeaus.
- Der Mund ist leicht geöffnet.
- Rücken sehr aufrecht halten.
- Spannung in die Hände geben.

Erlebnisschwerpunkte
Zentrierung, Gelassenheit, Unberührbarkeit, Stärke. Wandel, Verwandlung. Schlangen. Raubkatzen.

Hinweise
Die Figur aus rotem Ton ist circa 22 Zentimeter groß. Sie trägt einen Kopfschmuck aus dreizehn Schlangen, über denen eine Jaguarmaske thront.

Diese Haltung eignet sich gut für erste Erfahrungen mit den Rituellen Körperhaltungen und für die Aktivierung von Heilprozessen.

Der Zapoteke von Monte Albán
Circa 150 v. u. Z. bis 100, Mexiko (Zapoteken)

Zum kulturellen Hintergrund
Siehe oben »Zum kulturellen Hintergrund der zapotekischen Haltungen«.

Körperhaltung
- Im Schneidersitz liegt das linke Bein vor dem rechten. Die Arme liegen nicht am Oberkörper an, sondern stehen seitlich des Oberkörpers ohne Spannung ab.
- Die rechte Hand umfasst mit aneinandergeschlossenen Fingern das rechte Schienbein unterhalb des Knies, nur das Handgelenk und der untere Teil des Unterarms liegen auf dem Oberschenkel auf.
- Die linke Hand umfasst mit aneinandergeschlossenen Fingern das linke Schienbein unterhalb des Knies, nur das Handgelenk und der untere Teil des Unterarms liegen auf dem Oberschenkel auf.
- Der Rücken ist aufrecht. Der Kopf wird gerade nach gehalten, etwas nach vorn gestreckt (wie bei einer Schildkröte).
- Der Mund ist so weit und breit geöffnet, dass die obere Zahnreihe sichtbar wird.
- Spannung in den Mundwinkeln und den Händen.

Erlebnisschwerpunkte
Erkennen von Lebensstrukturen, -zusammenhängen. Zeitloses Erfahren des Kreislaufs des Lebens. Wandel, Verwandlung.

Hinweise
Die Figur trägt einen hohen Hut, der mit Piktogrammen und den Strichen für den Wert »13« versehen ist. Die Zahl 13 findet sich auch als Einritzung auf der Brust wieder, hier wird sie von anderen Piktogrammen als auf dem Hut begleitet. Die 13 wird gebildet aus zwei Strichen, die einen Wert von je 5 haben, und drei durch Punkte angedeutete Einheiten. Die 13 wurde bei den Zapoteken als eine Zahl angesehen, in der alles Wissen verborgen ist, in der alle Himmelsrichtungen und Elemente enthalten sind.

Es kann das Erleben in der Trance verstärken, diese Informationen auf einen »hohen Hut« oder auf den Oberkörper zu malen. Es hat auch eine verstärkende Wirkung des Erlebens in der Trance, statt die Zeichen auf die Haut zu malen, sie auf ein Stück Stoff zu applizieren, das als »Lätzchen« vor der Brust getragen wird (siehe Seite 79f.).

Tlazolteotl
600 v. u. Z. bis 1200, Mexiko (Azteken)

Zum kulturellen Hintergrund der aztekischen Haltungen
Im frühen 13. Jahrhundert kamen die Azteken ins Hochtal von Mexiko. Von Mythen umwoben ist die Geschichte ihrer Herkunft: Stammten sie aus dem legendären »Aztlan« oder waren die furchterregenden »Sieben Höhlen« ihre ursprüngliche Heimat? In ihrer Sprache gab es den Begriff »Azteca« oder »Aztlaneca«, der von dem überlieferten Herkunftsort Aztlan abgeleitet wird. Später nannten sie sich sie auf Weisung ihres Schutz- und Kriegsgottes Huitzilopochtli (Kolibri des Südens) »Mexica«. Von diesem Namen kommen die modernen Bezeichnungen »mexikanisch« oder »Mexiko«.

Die Wanderung der Azteken dauerte etwa 130 Jahre, sie endete um circa 1299 nach einer langen Odyssee an den Ufern des Tetzcocosees. An dieser Stelle entstand die spätere Hauptstadt Tenochtitlán, das heutige Mexico City.

Das Volk der Azteken schuf den politisch mächtigsten Staat Mittelamerikas, dem erst die einfallenden Europäer ein Ende setzten. Das Aztekenreich war kein einheitliches, geschlossenes Reich. Zwei der wichtigsten und ältesten Götter waren Tlaloc, der Gott des Regens, und Quetzalcoatl (Grünfeder- oder Gefiederte Schlange). Die Azteken sahen Göttliches in allen Dingen und kannten Gottheiten für alle Aspekte des Lebens. In einem wesentlichen Zug aber glichen sich all ihre Götter: Sie waren den Menschen nicht wohlgesinnt. Nur durch ein Höchstmaß an Verehrung und Opfern konnten die Menschen sie beruhigen und davon abhalten, Verderben über sie zu bringen.

Wichtigste Gottheit war der Sonnengott, der nur mittels ausreichender »Nahrung« in der Lage war, täglich den Weg über die Himmelsbahn zurückzulegen. Die einzig ihm zuträgliche Nahrung waren das menschliche Herz und Blut. Ohne diese Nahrung würde es dunkel bleiben, und die Welt würde untergehen. So mussten immer wieder, eingebettet in aufwendige Rituale, einige Menschen ihr Leben dafür geben, dass die Menschen leben konnten. Der Tod wurde als Eintritt in das Leben gesehen.

Eine andere Art, den Göttern Verehrung zu erweisen, waren große Zeremonien mit Tanz und Musik. Den archäologischen Funden nach scheint Musik in der Welt der Azteken große Bedeutung gehabt zu haben. Sie entlockten Naturmaterialien Töne: dem Holz, Steinen, aus Ton gefertigten Flöten und Figuren, Knochenflöten, gespannten Fellen oder Trompetenschneckenhäusern. Sie kannten nicht den Begriff »Musik«, bei ihnen hieß es »Singen durch ein Instrument«.

Das aztekische Universum bestand aus drei übereinander angeordneten Ebenen: aus Topan (der Oberwelt), der von den Menschen bewohnten Welt (Cemanahuatl) und Mictlan (der Unterwelt).

In den Mythen und Ritualen spielten Tiere als Repräsentanten von für die Weltsicht der Azteken bedeutenden Eigenschaften eine große Rolle. Dem Adler wurden Kraft, Tapferkeit, Zähigkeit, Wildheit und auch ein gewisses Maß an Grausamkeit zugeschrieben. Mit diesen Eigenschaften war der Adler nicht nur das Staatszeichen der Azteken und seiner Herrscher, sondern auch die Verkörperung kriegerischer Qualitäten.

Die gefleckte Raubkatze und der Adler stimmten in ihren Symbolwerten überein. Als Metapher für »Krieger« wurde im Sprachgebrauch die Wortverbindung »Adler-Ozelot« benutzt. Hochgestellte Persönlichkeiten durften in Gewändern gehen, die sie als »Adler« oder »Jaguar« erkennbar machten. Der Adler war das Tier der Sonne, des Tages. Der Jaguar war das Tier der Nacht, der »Nachtsonne« Mond.

Das Alltagsleben, Kunst, Krieger- und Herrschertum waren bei den Azteken von der Vorstellung eines vollkommen von den Göttern abhängigen Universums bestimmt.

Zum kulturellen Hintergrund Tlazolteotls

Tlazolteotl war für die Azteken die lebenspendende Erdmutter, Göttin des Himmels, Göttin der Fruchtbarkeit, der Liebe und sexuellen Kraft, der Geburt und der Mutterschaft. Sie nahm eine ausgleichende, vermittelnde Stellung zwischen den Kräften des Lebens und des Todes ein. »Unsere Großmutter«, »Herz der Erde«, »die mit den zwei Gesichtern« sind nur einige ihrer Namen.

Sie war als Schöpferin und Zerstörerin des Lebens auch diejenige, die Krankheiten brachte, Schmutz und Unrat fraß, verdaute und ausschied, damit neues Wachstum möglich war. Sie wurde in unterschiedlichen Körperhaltungen dargestellt, oft mit einem Gürtel aus zwei verknoteten Schlangen um den Leib.

Jeder Mensch musste ihr einmal, gegen Ende seines Lebens, eine Beichte der »bösen Dinge« seines Lebens ablegen. Das wurde als Akt des Ausschüttens von Unrat und der Reinigung von Unrat gesehen.

Tlazolteotl unterhielt als Göttin der Liebe über unzählige Kaninchen enge Verbindung zu den Göttern des heiligen Ritualgetränks Pulque, denn es waren die Kaninchen, die beim Nagen an den Agaven den berauschenden Saft entdeckten. Die Azteken stellten das Kaninchen in eine Beziehung zum Mond, sie glaubten, in dessen Oberflächenschatten die Gestalt des Kaninchens zu erkennen.

Einige Darstellungen zeigen Tlazolteotl mit den Krankheitssymptomen, die sie auch über den betroffenen Menschen bringt. Das verzerrte Gesicht mit den tränenden Augen, die gekrümmten, verdrehten Gliedmaßen sowie der schaum- und blutspeiende Mund

lassen die Epilepsie erkennen. Manchmal wird sie mit einem Maiskolben in der einen Hand dargestellt als Zeichen für das Leben. Manchmal hält sie in der anderen Hand eine Rassel, die einerseits ein Ritualinstrument für den Fruchtbarkeitstanz war, andererseits aber auch die Geißel Krankheit symbolisierte.

Körperhaltung

– Stehend mit leicht gebeugten Knien. Die Füße stehen parallel etwa einen Fußbreit auseinander.
– Rücken mit Spannung sehr aufrecht halten. Schultern entspannt.
– Die Oberarme liegen ohne besondere Spannung am Oberkörper an.
– Die Finger der Hände sind aneinandergeschlossen.
– Die Hände werden so geformt, dass aus der gestreckten Hand heraus die Finger nach oben abgewinkelt werden. Der Daumen liegt auf dem ersten Fingerknöchel des Zeigefingers.
– Die Hände werden so auf den Brustkorb unter die Brüste gelegt, dass die Handkanten auf dem unteren Rand des Rippenbogens liegen und die gestreckten, geschlossenen Finger zum Hals hochzeigen. Die Hände sind leer, halten nicht die Brüste.
– Die kleinen Finger der beiden Hände berühren sich nicht, zwischen ihnen bildet sich ein nach unten geöffnetes Dreieck.
– Den Mund leicht öffnen, in die Breite ziehen, die Oberlippe leicht hochziehen, sodass die obere Zahnreihe sichtbar ist.
– Spannung in den Händen.
– Kopf geradeaus halten.

Erfahrungsschwerpunkte
Gelassenheit. Distanzierter Überblick. Klärung. Verzehren, Ausscheiden, Wandeln zerstörerischer, schädlicher Energien. Reinigung. Wachstum. Tod und Geburt.

Hinweise
Diese Haltung erfordert Erfahrung mit Trancehaltungen, denn sie kann sehr starke Berührungen mit persönlichen Lebensmustern bewirken und sollte nicht ohne erfahrene Begleitung ausgeübt werden.
Die hölzerne Figur ist 39 Zentimeter hoch.

Xochipili – der Blumenprinz
Circa 1300 bis circa 1520, Mexiko (Azteken)

Zum kulturellen Hintergrund
Xochipilli ist im aztekischen Götterhimmel der Sohn der Erdmutter Tlazolteotl und des Sonnen- und Schöpfergottes Tonatiuh.

Aus seinem Mund entspringt das »blühende Wort«: Blumen und Gesang sind in ihrer Vergänglichkeit und Flüchtigkeit eine Metapher für die Vergänglichkeit des Lebens. Blumen waren bei den Azteken ein Symbol für die Kunst.

Der »Gott der Künste«, des Gesanges, des Tanzes, der Musik, der Feste, der Spiele und der Sinnlichkeit, des Wachstums und des Frühlings, wird auch »Blumenprinz« genannt.

Aus den Zeiträumen 1300 bis circa 1520 sind verschiedene in Stein gehauene, vielfarbig bemalte Statuen des »Blumenprinzen« in unterschiedlicher Körperhaltung gefunden worden. Das Gewand der 77 Zentimeter hohen Statue des Xochipilli, auf die sich die Rituelle Körperhaltung bezieht, ist im Brustbereich und an den Füßen mit Tierkrallen beziehungsweise -zähnen versehen und mit Blüten übersät. Der Sockel, auf dem der »Blumenprinz« sitzt, ist mit eingravierten Pflanzen geschmückt, die den Azteken als heilig galten und von denen die meisten bewirken, mit »den Göttern reden« und Hellsichtigkeit erlangen zu können: unter anderen Tabak, Morning Glory, Sinicuichi, Pilze. (Siehe auch oben »Zum kulturellen Hintergrund der aztekischen Haltungen«.)

Körperhaltung
- Mit hochgezogenen Knien im Schneidersitz sitzend. Die untere Wade des rechten Beins liegt auf dem Spann des linken Fußes.
- Der Rücken ist sehr aufrecht.
- Der rechte Oberarm liegt ohne Spannung am Oberkörper an.
- Der rechte Ellbogen stützt sich auf dem Oberschenkel auf, der Unterarm liegt nicht auf dem Oberschenkel auf, ist so nach oben angewinkelt, dass er mit dem Oberarm ein »V« bildet.
- Der Unterarm wird nach oben steif in die Luft gehalten.
- Die rechte Hand steht ungefähr auf Höhe der Schulter.
- Die Finger der rechten Hand sind aneinandergeschlossen, bilden eine offene Faust. Die Fingerspitzen von Daumen und Zeigefinger berühren sich, formen einen Ring.
- Die Faust gerade halten, nicht im Handgelenk abgeknickt.
- Der linke Oberarm liegt ohne Spannung am Oberkörper an.
- Der linke Unterarm liegt mit dem Handgelenk auf dem linken Knie.
- Die Hand mit aneinandergeschlossenen Fingern wird so nach innen zur Handfläche gebeugt, dass die Daumenspitze auf der Fingerspitze des Zeigefingers aufliegt.
- Die Fingerknöchel weisen geradeaus, senkrecht nach vorn.
- Die Hand wird auf das linke Knie gelegt, sie steht etwas über das Knie nach vorn hinaus.
- Der Kopf ist geradeaus gerichtet, wird in den Nacken gelegt.
- Der Mund ist zu einem breiten Lächeln geöffnet.
- Der Blick geht mit geschlossenen Augen nach oben.

Erfahrungsschwerpunkte
Sinnliches Körpererleben, fröhlich, leicht. Tanz, rituelle Feste. Klangwahrnehmung. Fressen und gefressen werden. Kreative Erneuerung.

Hinweis
Diese Haltung erfordert Erfahrung mit Trancehaltungen.

___Aus Südamerika

Der sitzende Puma von Tiwanaku
Circa 1500 v. u. Z. bis 1200, Bolivien

Zum kulturellen Hintergrund
Giuseppina Quattrochi
Tiwanaku (auch Tihaunaco), die »Ewige Stadt der Anden«, auch
»Puma Punku« genannt (das »Tor des Pumas«), bezeichnet die älteste Hochkultur in den Anden. Die Ruinen des Zentrums der Tiwanaku-Kultur sind 72 Kilometer von La Paz entfernt zu finden, nahe
dem Titicacasee. Es war eine der reichsten und wichtigsten Kulturen Südamerikas.

Die Stadt Tiwanaku war eine aus Steinquadern erbaute riesige
Tempelanlage, von der nur noch die Ruinen einiger Gebäude sowie
einige Monolithe übrig geblieben sind. Berühmt für die Tempelanlagen von Tiwanaku ist das »Sonnentor«. Es ist aus einem einzigen
Steinblock geschlagen worden – 2,80 Meter hoch, 3,40 Meter breit
und 1,40 Meter dick. In der Mitte strahlt eine Figur, die als Schöpfergott Wiracocha gedeutet wird. Aus seinem Kopf kommen Schlangen, die in Jaguarköpfen enden. Zur Sonnwende am 21. Juni jeden
Jahres fallen durch diese Öffnung die Strahlen der aufgehenden
Sonne.

Es wird vermutet, dass Tiwanaku ein Art von Observatorium gewesen ist, in dem nicht nur der Lauf der Sonne, sondern auch die
Bahn des Mondes beobachtet wurden. Der Puma wurde den Über-
lieferungen zufolge dem Mond zugeordnet.

In den Ruinen von Tiwanaku fanden Archäologen neben entheogenen Pflanzen und Utensilien für deren Einnahme auch die

Mumie eines Schamanen, der ein Bündel von entheogenen Pflanzen und Heilpflanzen bei sich hatte (*entheos* heißt im Griechischen wörtlich»gottbegeistert«, es geht hier um die prophetische Inspiration).

Die Menschen der Tiwanaku-Kultur waren Meister der Ikonografie, der grafischen Gestaltung von Reliefs, der Herstellung von Monolithen und Zeremoniengefäßen sowie der Webkunst. Viele Räucher- und Trinkgefäße sind mit dem Kopf eines Pumas verziert. Der Puma wurde in der Zeit wahrscheinlich der Kraft des Mondes zugeordnet.

Der»sitzende Puma« wurde als Steinfigur im unterirdischen Putuni-Tempel von Tiwanaku gefunden. Er gehörte zu einer Reihe von Wächterfiguren, die die Stufen zum Tempel bewachten. Einige der Figuren stellen Krieger mit Pumamasken dar und weisen im Gesicht auch Reihen von runden Kreisen auf. Es wurde darüber hinaus eine andere, in der Körperhaltung gleiche Figur des Pumas gefunden, zwischen dessen Knien ein kleiner Menschenkopf herausschaut.

Beide Pumafiguren haben lediglich vier Finger. Die mythische Urmutter der Kulturen um den Titicacasee wurde auch mit nur vier Fingern dargestellt, ebenso wie der Schöpfergott Voracocha auf dem großen Sonnentor von Tiwanaku.

Der Putuni-Tempel wird auch»Palast der Sarkophage« genannt, in ihm wurden sarkophagähnlich ausgehöhlte Steinblöcke gefunden, in die exakt Menschenkörper hineinpassen. Welchem Zweck die Steinsarkophage gedient haben, ist unbekannt.

In den Tempelbezirken von Tiwanaku erscheinen auf den Standbildern vielfach der Puma, der Kondor, das Lama und der Fisch.

Die auf dem Monolithen»der sitzende Puma« eingravierten runden Kreise könnten auch auf das Hauptnahrungsmittel der Ureinwohner der Anden hinweisen, auf Quinoa, eine der ältesten Kulturpflanzen der Menschheit. Es ist kein Getreide und auch kein Gras. Es gehört zu der Familie der Gänsefußgewächse, ist also mit Spinat, Mangold und Roter Bete verwandt. Von den Inka ist überliefert, dass sie Quinoa magische Kräfte zuschrieben und es bei kultischen Handlungen benutzten. Es heißt, aus diesem Grund hätten die Spanier den Anbau von Quinoa unterbunden.

Körperhaltung
- Auf einem niedrigen Hocker oder einem Kissen sitzend. Rücken gerade. Die Beine dicht aneinandergeschlossen. Füße dicht zusammen.
- Die Oberarme liegen eng am Körper an.
- Die Unterarme liegen an der Außenseite der Oberschenkel an.
- Die Hände umfassen fest, mit geschlossenen Fingern, seitlich die Knie unterhalb der Kniescheiben. Die Hände weisen waagerecht zueinander hin.
- Kopf gerade nach vorn halten.
- Den Mund so öffnen, dass die Zahnreihen sichtbar sind.
- Die Lippen weit auseinanderziehen wie ein breites Lächeln.

Erlebnisschwerpunkte
Wandel, Verwandlung. Wachsamkeit und Kampfbereitschaft. Initiation, Tod und Geburt.

Hinweise
Auf beiden Wangen, dicht zur Nase hin, befinden sich zwei Reihen von jeweils drei kleinen Kreisen. Das Aufmalen der kleinen Kreise (Quinoa?) und das Reiben der Ohren (die Abbildung zeigt den Puma mit sehr großen Ohren) vor der Trance können das Erleben in der Trance verstärken. Es kann auch vor der Trance auf den kulturellen Hintergrund der Haltung gut einstimmen, wenn ein wenig

gekochtes Quinoa gegessen wird und/oder in der Anrufung vor dem Tranceritual Quinoa verstreut wird.

Der Mann von La Tolita

300 v. u. Z. bis 800, Ecuador

Zum kulturellen Hintergrund

Die Kultur von La Tolita blühte im Zeitraum zwischen 500 v. u. Z. und 750 unserer Zeit im Norden des heutigen Ecuador. Die oft sehr kleinen Figuren (8 bis 10 Zentimeter) aus Ton, Metall und Gold der noch wenig bekannten und erforschten Kultur der Insel La Tolita aus dem Esmeraldasgebiet in Ecuador weisen oft sehr ungewöhnliche Attribute auf, die für die Zeit futuristisch-technisch anmuten: helmartige Kopfbedeckungen, schutzanzugähnliche Bekleidung, an Flugzeuge erinnernde Objekte aus Gold.

Auch die Figur des »Mannes von Tolita« trägt eine »windschnittig« anmutende, enge Kappe mit »Seitenflügeln«. Der Rücken der Figur ist als offener Behälter gearbeitet.

Erstaunlich ist auch, dass die Abbildungen von Mensch-Tier-Mischwesen außer den in der Region von Tolita – heute eine flache Mangroveninsel – lebenden Tieren wie Schlange, Krokodil und Vögel, auch Raubkatzen zeigen, die sich sicher als »biologische Tiere« nicht in das Gebiet am Pazifik der La-Tolita-Kultur verirrt haben. Doch vielleicht weisen die Jaguardarstellungen auf die wahrscheinlichen Ursprünge der Kultur in den Anden hin.

Zu einer kleinen Berühmtheit ist eine Kopfminiatur geworden, bei der ein menschenähnlicher Kopf aus einem dicht anliegenden Helm herausschaut. In einigen schwer zugänglichen Höhlen Ecuadors wurden weitere, ähnliche Kopfminiaturen gefunden. Es wird vermutet, dass sie »kultischen Zwecken« dienten und mit den heute noch bestehenden Mythen der Bewohner dieser Gegenden zusammenhängen. Die Geschichten erzählen immer wieder davon, dass einst »himmlische Besucher von den Sternen« kamen. Die Figuren der »behelmten Götter« und die Mythen haben nicht nur Erich von Däniken dazu inspiriert, über die Ankunft von »außerirdischen Astronauten« aus anderen Galaxien zu spekulieren.

Die Menschen der La-Tolita-Kultur waren die ersten, von denen man weiß, dass sie Platin verarbeitet haben. In Europa befasste man sich erst 2000 Jahre später mit diesem Schmuckmetall, nämlich im 18. Jahrhundert.

Körperhaltung

- Im Schneidersitz liegt das rechte Bein vor dem linken. Der rechte Arm steht leicht angewinkelt ohne besondere Spannung vom Körper ab.
- Die rechte Hand liegt flach mit geschlossenen Fingern seitlich innen auf dem rechten Knie. Die Finger weisen gerade nach vorn.
- Der linke Arm ist mit Spannung gestreckt. Die linke Hand bildet eine Faust, der Daumen liegt am Zeigefinger an. Die Faust liegt seitlich außen auf dem linken Knie auf.
- Rücken aufrecht halten.
- Kopf geradeaus, leicht anheben.
- Der Mund ist so geöffnet, dass die obere Zahnreihe zu sehen ist.

Erfahrungsschwerpunkte

Leichtigkeit, Freude. Präsenz. Unerschütterlichkeit. Wandel, Verwandlung.

Hinweise

Diese Haltung eignet sich gut für erste Erfahrungen mit den Rituellen Körperhaltungen. Wird der linke Arm wie bei der Originalfigur steif durchgestreckt, wird die Oberkörperhaltung schief, daher die aus Erfahrung entstandene Beschreibung.

Diese Figur trägt eine auffällige Kappe, deren Benutzung das Erleben in der Trance unterstützen kann. Siehe auch Seite 82.

Der Machalilla-Mann
Circa 1500 bis 1200 v. u. Z., Ecuador

Zum kulturellen Hintergrund
Um 1600 v. u. Z. entfaltete sich an der ecuadorianischen Küste etwa 50 Kilometer nördlich von Valdívia eine Kultur, die nach dem kleinen Fischerort Machalilla genannt wurde. Machalilla erhielt den Namen nach einem Paar, das zum Volk der Caras gehörte. Sie hießen »Macha« und »Lilla« und siedelten in diesem Gebiet, um zu fischen und das Land zu bebauen. Machalilla war ein wichtiges Handels- und Warenaustauschzentrum.

Das Figurengefäß aus Terrakotta (31,7 Zentimeter hoch, 24,7 Zentimeter breit) hat pfotenartige Füße und Hände und einen lächelnden Gesichtsausdruck. Es wurden mehrere in der Haltung ähnliche Figuren gefunden, auch mit lächelndem Gesicht und pfotenähnlichen Füßen und Händen, nur mit unterschiedlicher Gesichts- und Körperbemalung.

Körperhaltung
- Auf dem Boden sitzend, die Knie hochstellen. Die Beine weit auseinanderstellen, die Fußsohlen liegen auf dem Boden auf.
- Die Arme stehen seitlich wie »Henkel« vom Körper ab.
- Die gestreckten Hände liegen mit aneinandergeschlossenen Fingern auf den Knien auf, sodass die Fingerspitzen zum Fuß weisen.
- Spannung in die Hände geben.
- Rücken aufrecht.

- Kopf geradeaus halten.
- Der Mund ist geschlossen, zu einem leichten Lächeln verzogen.

Erfahrungsschwerpunkte
Wandel, Verwandlung. Zentriertheit, Kraft. Erkennen dessen, was ist.

Hinweise
Die Gesichtsbemalung kann das Erleben in der Trance verstärken (siehe Seite 78). Es erleichtert das Sitzen, wenn ein Kissen untergelegt wird.

Der Moche-Fuchs
Circa 400, Peru

Zum kulturellen Hintergrund der Moche-Haltungen
Die Moche- oder auch Mochica-Kultur entwickelte sich an der Nordküste des heutigen Peru. Der Name »Moche« oder auch »Mochica« steht im Zusammenhang mit dem gleichlautenden Moche-Fluss. In seinem Tal, einige Kilometer südlich der Stadt Trujillo, liegen zwei der bekanntesten präkolumbischen Lehmpyramiden, die Sonnenpyramide Huaca del Sol und die Mondpyramide Huaca de la Luna.

Zu ihrer Blütezeit (circa 200 v. u. Z. bis 400 erstreckte sich die Moche-Kultur von Vicús im Norden bis nach Pañamarca im Süden. Die Wandmalereien und Keramiken in diesen und anderen Huacas geben Zeugnis von der im religiösen wie im politischen Leben hierarchisch geordneten Kultur und einer geregelten dynastischen Abfolge (*huaca* ist ein aus dem Quechua stammender Begriff, der »heiliges Objekt« bedeutet und heute noch außer für rituelle Objekte auch für Ritual- beziehungsweise energetisch starke Plätze in der Natur verwendet wird). Die Herrscher hatten den Funden zufolge religiöse und politische Macht inne. In den sehr prächtig ausgestatteten Gräbern der Herrscher lagen auch deren Frauen. Mit ihm freiwillig in den Tod, in die »andere Welt«, zu gehen, wenn er starb, wurde als Ehre angesehen, wie es heißt.

Es wurden fast keine Abbildungen oder Begräbnisstätten »mächtiger« Frauen gefunden, lediglich die Mumie einer Frau in der »Pyramide des Zauberers« (Huaca del Brujo) an der Nordküste. Ihre Grabbeigaben weisen darauf hin, dass es eine wichtige Heilerin oder Schamanin gewesen sein muss.

Die Keramik ist die Sprache der Mochica, sie berichtet in Tausenden von figürlichen Darstellungen von religiösen und kriegerischen Zeremonien, Menschenopfern, mythologischem Geschehen, sie zeigt Szenen des alltäglichen Lebens, kranke Menschen und ihre Behandlung, erotische Darstellungen, Menschen mit Verkrüppelungen und Gesichtsverstümmelungen. Es wird vermutet, dass ein Zusammenhang besteht zwischen der in Kartoffelanbaugebieten auftretenden Krankheit Leishmaniasis, die Verstümmelungen verursacht, und dem Glauben, dass entstellte Personen die Fähigkeit zu heilen haben.

Der Tod wurde den Grabfunden zufolge als Übergang in ein nächstes Leben angesehen, in dem der Status erhalten bleibt, den man in diesem Leben innehatte.

Erst 1987 wurden bei dem Dorf Sipán im Lambayeque-Flusstal die »Königsgräber von Sipán« entdeckt. Reiche Funde von Goldobjekten und Keramiken geben detaillierte Einblicke in die hochentwickelte Kultur der Moche. Zahlreiche Abbildungen von Tieren und zoomorphen Wesen in Ton oder Gold wie zum Beispiel ein »Raubkatzenmensch« oder »Krebs-Mensch-Wesen« geben beredte Hinweise auf das Wissen um die Verbundenheit von menschlicher und tierischer Lebenskraft, auf die Möglichkeit schamanischer Verwandlung und Wandlung von Lebensformen. Die am häufigsten dargestellten Tiere sind Raubkatzen, Hirsche, Schlangen und Vögel. Sie wurden auch als Mischformen dargestellt: Schlangenfisch, Schlangenvogel oder schlangenartige Raubkatze.

Es gibt aus der Kultur der Moche-Gesellschaft keine Sprachaufzeichnungen, aber Tausende Keramikfunde zeugen wie gesagt davon, dass das Wissen um nichtsichtbare Wirklichkeiten, um Welten der Geister und Ahnen, um visionäres Erleben, den Gebrauch von Coca und dem San-Pedro-Kaktus allgemein zugänglich war. Oft fließen in den Darstellungen die geistige, mythische Welt und die reale Welt ineinander über und lassen vermuten, dass damals die geistigen Welten und die Welt der alltäglichen Wirklichkeit gleichrangig waren. Neuesten Forschungen zufolge (so unter anderem die Untersuchung von Gletschereis, das sich aus den Niederschlägen zur Zeit der Moche gebildet hat) wird angenommen, dass lange Jahre einer verheerenden Trockenheit abgelöst wurden von langen Jahren einer Regenzeit. Hungersnöte waren in beiden Fällen die Folge. Die Menschenopfer standen sicherlich in Zusammenhang damit, die Götter in diesen Zeiten der Naturkatastrophen zu besänftigen, ihr Wohlwollen zu beschwören.

Vielleicht kam noch hinzu, dass der Einfluss einer neuen Herrscherkultur, des Königreichs der Chimú, auf die geschwächte Moche-Kultur immer stärker wurde.

Bis heute vermitteln die Keramiken nicht nur Einblicke in eine von Heilwissen, Schamanismus und prunkvollen kriegerischen Herrschaftsstrukturen geprägte Kultur, sondern ermöglichen uns auch durch das Erleben in der Trance einen Einblick in die geistige Welt der Moche sowie einen kulturunabhängigen Zugang zu dem Gewebe der eigenen geistigen Welt.

Körperhaltung

– Im Schneidersitz liegt das linke Bein vor dem rechten. Die Oberarme liegen ohne Spannung am Oberkörper an. Die Unterarme liegen so auf der Brust auf, dass die zu lockeren Fäusten geformten Hände auf dem Brustbein sind.

– Die Daumen liegen auf den Fäusten. Die Knöchelreihen der Fäuste liegen sich mit circa 2 Zentimeter Abstand parallel gegenüber.

- Der Kopf wird gerade gehalten, blickt nach vorn. Der Mund ist sehr weit geöffnet, den Unterkiefer stark nach unten strecken.
- Rücken sehr aufrecht.
- Spannung in die Hände geben.

Erfahrungsschwerpunkte
Wandel, Verwandlung. Zentrierung, Klarheit. Reinigung.

Hinweise
Diese Haltung eignet sich gut für erste Erfahrungen mit den Rituellen Körperhaltungen. Sie aktiviert besonders die eigenen Heilenergien.
    In dieser Haltung kann ein Ton entstehen. Das Tönen sollte nicht forciert werden, sondern sich ohne Anstrengung behutsam entfalten.

Der Moche-Jaguar-Schamane
Circa 400, Peru

Zum kulturellen Hintergrund
Siehe oben »Zum kulturellen Hintergrund der Moche-Haltungen«.

Körperhaltung
- Sitzend, das rechte Bein liegt vor dem linken. Die Oberarme liegen eng am Körper an. Die Unterarme legen sich im rechten Winkel so an den Oberkörper, dass die Handflächen mit geschlossenen Fingern mit Spannung aneinanderliegen.
- Die Fingerspitzen weisen gerade nach vorn.
- Das Kinn wird angehoben, der Kopf wird nach rechts zur Schulter hin geneigt.
- Den Mund zu einem breiten Lächeln öffnen.
- Der Rücken ist sehr aufrecht.

Erfahrungsschwerpunkte
Starke Aktivierung von Heilprozessen. Verbrennen von kranken Strukturen. Erneuerung der Lebenskraft. Lebensfreude. Bereisen der Welten. Raubkatzen.

Hinweise
Bei dieser Haltung ist es möglich, die Hände als Steuerung einzusetzen. Durch die Veränderung der Richtung der Hände – nach oben, unten oder in der Mitte bleibend – kann der zu bereisende Raum bestimmt und gewechselt werden.
Diese Haltung erfordert Erfahrung mit Trancehaltungen.

Die Seherin der Moche
Circa 400, Peru

Zum kulturellen Hintergrund
Siehe oben »Zum kulturellen Hintergrund der Moche-Haltungen«.

Körperhaltung
- Auf dem Boden hockend, wird das rechte Bein hochgestellt, es steht dicht am Körper, der Fuß hat Bodenkontakt.
- Das linke Bein ist so untergeschlagen, dass der linke Fuß hinter dem aufgestellten Bein liegt.
- Das Gewicht ruht auf der linken Gesäßseite (ein Kissen kann untergelegt werden).
- Der Rücken wird zu einem leichten Rundrücken.
- Der rechte Arm liegt am Oberkörper an.

Der rechte Unterarm liegt so auf dem hochgestellten Bein auf, dass die rechte Hand mit dem Handgelenk auf dem Knie ist.
- Die Hand wird mit aneinanderliegenden Fingern so gehalten, dass sich eine Öffnung, eine Kuhle bildet, in der das Kinn aufgestützt wird.

- Der rechte Daumen ist abgewinkelt und hält das Kinn am rechten Unterkiefer (Denkerpose).
- Der linke Arm liegt eng am Körper an.
- Die linke Hand umfasst etwa eine Handbreite unter dem Knie das Schienbein.
- Die Finger der linken Hand sind geschlossen.
- Der Kopf blickt geradeaus.
- Das Kinn nach vorn strecken.
- Den Mund ist geschlossen, wird in die Breite gezogen.

Erfahrungsschwerpunkte
Klare Antworten auf Fragen. Wachsamkeit. Erkennen dessen, was ist. Zeitlos, alles in sich vereinend. Werden und Vergehen. Begleitung für die Seelen Verstorbener.

Hinweise
Die Haltung lässt eingeritzte Gesichtszeichnungen erkennen: zwei übereinanderliegende Querstriche, die in der Mitte des Nasenrückens über die Nase laufen, einen geraden Strich unterhalb der Unterlippe und zwei geschwungene Linien, die sich übereinanderliegend vom rechten Jochbein über das Kinn unter dem geraden Strich zum linken Jochbein ziehen.

Die Erfahrungen mit und ohne die Beachtung dieser Linien ergaben Folgendes: Das Ziehen dieser Linien – entweder als Bemalung oder durch energetischen Abdruck mit dem Finger – erleichtert die Ausführung dieser Haltung. Die Bemalung verstärkt nicht nur das Erleben in der Trance, sondern auch das Erleben im Traum in den darauffolgenden Nächten, die Träume wurden deutlicher und plastischer erlebt.

Diese Haltung erfordert Erfahrung mit Trancehaltungen.

Der Moche-Fingerhirsch
Circa 200, Peru

Zum kulturellen Hintergrund
Siehe oben »Zum kulturellen Hintergrund der Moche-Haltungen«.

Körperhaltung
- Schneidersitz, das linke Bein liegt vor dem rechten. Der Rücken wird sehr aufrecht gehalten. Den Kopf geradeaus halten, leicht in den Nacken legen.
- Mund leicht geöffnet.
- Der rechte Oberarm liegt eng am Oberkörper an.
- Die rechte Hand liegt mit dem Handgelenk so auf dem rechten Knie, dass die Handfläche nach oben zeigt und die Hand etwas über das Knie hinausragt.
- Zeigefinger und Mittelfinger sind gestreckt, liegen eng zusammen.
- Der Daumen wird leicht auf die Handfläche nach innen geknickt.
- Der kleine und der Ringfinger sind zur Handfläche hin abgeknickt.
- Der linke Oberarm liegt eng am Oberkörper an.
- Der linke Unterarm liegt so auf dem linken Oberschenkel auf, dass die Hand mit geschlossenen Fingern das Knie umfasst, die Finger weisen zum Boden.
- Spannung in die Hände und den aufrechten Rücken geben. Schultern bleiben entspannt.

Erfahrungsschwerpunkte
Kreislauf von Empfangen und Weitergeben der Lebensenergie. Ruhe. Gelassenheit. Unberührbarkeit. Stärke.

Hinweis

Diese Haltung erfordert Erfahrung mit Trancehaltungen.

Der Moche-Zungenhirsch

Circa 500, Peru

Zum kulturellen Hintergrund

Siehe oben »Zum kulturellen Hintergrund der Moche-Haltungen«.

Körperhaltung

- Schneidersitz, das linke Bein liegt vor dem rechten. Die Oberarme liegen ohne Spannung am Oberkörper an. Die Unterarme werden so vor den Körper gelegt, dass sich die Hände mit aneinandergeschlossenen Fingern nur an den Fingerspitzen berühren. Die Hände berühren nicht den Oberkörper.
- Unterarme leicht nach oben angehoben.
- Der Kopf wird geradeaus gehalten, etwas nach vorn gestreckt.
- Die Zunge hängt möglichst weit nach links aus dem Mund heraus, der Mund ist geschlossen.
- Rücken aufrecht, Schultern entspannt.
- Spannung in die Berührung der Fingerspitzen geben.

Erfahrungsschwerpunkte

Bereisen der drei Welten. Vergehen und Erneuern der Lebensenergien. Verbindung mit Schöpferkraft. Lust, Lebendigkeit, Fruchtbarkeit, Liebe. Reinigung über die Zunge.

Hinweise

Bei dieser Haltung ist es möglich, die Hände als Steuerung zu nutzen. Durch die Veränderung der Richtung der Hände – nach oben, unten oder in der Mitte bleibend – kann der zu bereisende Raum gewählt werden.

Die Figur des Hirsches hat ein locker gelegtes Seil um den Hals. Dieses Seil ist kein »Henkerseil«, sondern ein bis heute noch bei den Curanderos der Nordküste Perus verwendetes rituelles »Geisterseil«. Mit diesem werden während des Rituals die »Geister« eingefangen.

Dank

Mit großer Freude und Dankbarkeit gegenüber dem freigeistigen Verleger Urs Hunziker vom AT Verlag gebe ich diese Neuauflage in die Hände und Herzen all der Menschen, die mit wachem Geist und liebevoller Neugierde erfahren wollen,»was die Welt im Innersten zusammenhält«.

Ich danke allen Menschen, Pflanzen, Tieren und Geistwesen, die mich gelehrt haben, die vielfältigen Welten des Bewusstseins zu erkennen, der Wirklichkeit des Erkannten zu vertrauen und die Erkenntnisse heilsam für mich und andere in das Leben einzuweben.

Große Dankbarkeit, tiefer Respekt und Liebe verbinden mich auch noch Jahre nach ihrem Tod mit Felicitas Goodman, meiner Lehrerin und Freundin. Inspiriert und gestärkt durch ihren offenen Geist, ihren Forscherdrang, ihren Humor und ihre Lebensfreude, haben sich nicht nur mir, sondern weltweit vielen geistigen Weltenwanderinnen und -wanderern vielfältig und vielgestaltig Türen geöffnet zum tiefen Erleben der Welten des Bewusstseins.

Mein Dank gilt auch den weisen Frauen und Männern der indigenen Gemeinschaften Nepals und Amazoniens, die mich geduldig gelehrt und herausgefordert haben, mit verändertem Blick die Wirklichkeiten zu erkennen. Sie haben mich durch ihr Beispiel vor allem darin unterwiesen, die Samen der erfahrenen Erkenntnis durch bewusstes Handeln in der geistigen und alltäglichen Wirklichkeit unserer Kultur zum Wachstum zu bringen.

Auch an die wissenschaftlichen Forscherinnen und Forscher, die dem Thema Rituelle Körperhaltung und ekstatische Trance mit offenem Geist begegnet sind, geht mein Dank.

Besonders herzlichen Dank an die Frauen und Männer im Netzwerk des Felicitas-Goodman-Instituts (FGI), die durch ihre aufmerksame, forschende und lehrende Arbeit nicht nur der Wirksamkeit »neuer« Körperhaltungen nachgegangen sind, sondern ihr Wissen, ihre Fragen und Erfahrungen im Kreis des FGI und in diesem Buch mitgeteilt und geteilt haben.

Die Zusammenarbeit mit den geduldigen »Trance-Modellen« war eine sehr beflügelnde Mischung aus wachem Forschungsgeist und Vergnügen! Danke an Euch!

Ein vielfacher Trommelwirbeldank an meinen Mann Bruno Martin! Seine fachkundige, geduldige Beratung bei der Bewältigung der praktischen und nervlichen Herausforderungen während der Arbeit an dieser Neuausgabe und sein weiter, klarer, liebevoller Geist haben mich ermutigt und bestärkt, einen erneuten Klar-Blick auf altvertrautes Wissen zu lenken. Von ganzem Herzen Dank dafür!

Nana Nauwald, im Sommer 2011

Die Autorinnen

Nana Nauwald, geboren 1947, Künstlerin, Buchautorin, Dozentin. Seit dreißig Jahren erfährt und erforscht sie schamanische Wirklichkeiten (Peru, Brasilien, Kolumbien, New Mexico, Nepal, Nigeria, Russland). Mitbegründerin des deutschen Felicitas-Goodman-Instituts. Internationale Lehrtätigkeit mit Rituellen Körperhaltungen und Ritualen der Wahrnehmung. Gastprofessur an der Hochschule für Bildende Künste Braunschweig. Sie lebt in der Lüneburger Heide.

Buchveröffentlichungen
Bärenkraft und Jaguarmedizin – die bewusstseinsöffnenden Werkzeuge der Schamanen
Der Gesang des schwarzen Jaguars – Erfahrungsroman
Das Lachen der Geister – Erfahrungsroman
Der Flug des Schamanen – schamanische Märchen und Mythen
Im Zeichen des Jaguar – Roman
Feuerfrau und Windgesang – Schamanische Rituale für Schutz und Stärkung
Schamanische Rituale der Wahrnehmung – Den Geist der Tiere erfahren – überliefertes Wissen aus europäischen Traditionen

www.ekstatische-trance.de / www.visionary-art.de

Dr. Felicitas D. Goodman, geboren 1914 in Ungarn, verstorben 2005 in Ohio. Sie arbeitete auf dem Gebiet psychologischer Anthropologie und Linguistik mit dem Schwerpunkt der religiösen Ekstase, unter anderem siebzehn Jahre Forschung über Glossolalie in Yucatán, Mexiko. 1979 gründete sie in New Mexico das Cuyamungue-Institut zur Erforschung von ekstatischen Trancezuständen und Rituellen Körperhaltungen. Weltweite Vortragsreisen und Seminare. Veröffentlichungen ihrer Forschung in Fachzeitschriften und Büchern in den USA und im deutschsprachigen Raum.

Buchveröffentlichungen auf Deutsch
Wo die Geister auf den Winden reiten
Trance – der uralte Weg
Meine letzten vierzig Tage
Die andere Wirklichkeit – über das Religiöse in den Kulturen der Welt
Ekstase, Besessenheit, Dämonen – Die geheimnisvolle Seite der Religion
Anneliese Michel und ihre Dämonen: Der Fall Klingenberg in wissenschaftlicher Sicht
Die blaue Brücke – Märchen

Weitere Autoren und Autorinnen
Die Beiträge im Buch, die von den Freundinnen und Freunden dieser Arbeit erforscht wurden, sind namentlich gekennzeichnet. Wenn Sie mit ihnen Kontakt aufnehmen möchten, können Sie die aktuelle E-Mail-Adresse der jeweiligen Person auf der Website www.felicitas-goodman-institut.de finden. Oder Sie schicken Ihre Mail an die Adresse info@felicitas-goodman-institut.de, von wo sie dann weitergeleitet wird.

Literatur

Almagro Gorbea, José: *Catalogo de Terracotas de Ibiza*, 1990

Alva, Walter: *Gold aus dem alten Peru – Die Königsgräber von Sipán*, Bonn 2001

Anati, Emmanuel: *Felsbilder – Wege der Kunst und des Geistes*, Zürich 1991

Bourguignon, Erika, und Lenora Greenbaum Ucko: *Diversity and Homogeneity in World Societies*, New Haven 1973

Brody, Hugh: *Maps and Dreams: Indians and the British Columbia Frontier*, Prospect Heights, IL, 1997

Burenhult, Göran (Hrsg.): *Die Menschen der Steinzeit – Jäger, Sammler und frühe Bauern*, Augsburg 2000

Cantz, Hatje: *Götter und Helden der Bronzezeit*, Kopenhagen/Bonn 1999

Clottes, Jean, und David Lewis-Williams: *Schamanen – Trance und Magie in der Höhlenkunst der Steinzeit*, Sigmaringen 1997

Cousto, Hans, und Matthias Pauschel: *Orpheus-Handbuch – Die Wirkung der Rhythmen unserer Erde auf Körper, Seele und Geist*, Berlin 1992

Deimel, Claus, und Elke Ruhnau: *Jaguar und Schlange – Der Kosmos der Indianer in Mittel- und Südamerika*, Niedersächsisches Landesmuseum, Hannover 2000

Dockstader, Frederick J.: *Indian Art in Middle America*, New York 1964

Duerr, Hans Peter: *Sedna oder Die Liebe zum Leben*, Frankfurt 1984

Duerr, Hans Peter: *Traumzeit: Über die Grenze zwischen Wildnis und Zivilisation*, Frankfurt 1998

Eliade, Mircea: *Schamanismus und archaische Ekstasetechnik*, Zürich 1951

Fagan, Brian M.: *Das frühe Nordamerika – Archäologie eines Kontinents*, München 1993

Freuchen, Peter: *Book of the Eskimo*, New York 1961

Gercke, Peter, und Ulrich Schmidt (Hrsg.): *Von Küste zu Küste*, Kassel 1992

Getty, Adele: *Göttin – Mutter des Lebens*, München 1993

Gimbutas, Marija: *Die Sprache der Göttin*, Frankfurt 1995

Goodman, Felicitas D., und Nana Nauwald: *Ecstatic Trance – A Workbook*, Havelte 2003

Goodman, Felicitas D., Drs. Neil Sussman, L. M. Konopka und J. W. Crayton: *Private Research* (Untersuchung über die Unterschiede zwischen Channeling und Ekstatischer Trance), Chicago 1998

Goodman, Felicitas D.: *Wo die Geister auf den Winden reiten*, Freiburg 2000 (Havelte 2003)

Goodman, Felicitas D., *Ekstase, Besessenheit, Dämonen*, Gütersloh 1991

Goodman, Felicitas D., *Trance – der uralte Weg zum religiösen Erleben*, Gütersloh 1992

Goodman, Felicitas D., *Die andere Wirklichkeit*, München 1994

Gore, Belinda: *Ekstatische Körperhaltungen*, Essen 1997

Grof, Stanislav, mit Hal Zina Bennett: *The Holotropic Mind*, San Francisco 1993

Guttmann, Giselher: »Zur Psychophysiologie der Bewusstseinssteuerung«, in: Bradion, Josef: *Einheit der Vielfalt – Festschrift zum 60. Geburtstag*, Wien 1990

Halifax, Joan: *Die andere Wirklichkeit der Schamanen*, Freiburg 1999

Hecker, Ruth: *Urmütter der Steinzeit*, Reutlingen 2001

Hoffmann, Ulrich (Hrsg.): *Frauen des alten Amerika in Kult und Alltag*, Stuttgart 2001

James, E. O.: *Der Kult der Großen Göttin*, Grenchen 2003

Katz, Richard: *Num – Heilen in Ekstase*, Interlaken 1985

Kopner, Philip: *Before the Coming of the Europeans – North American Indians*, Smithsonian Institution, New York 1986

Kunst- und Ausstellungshalle der BRD (Hrsg.): *Die Iberer*, Bonn 1998

Linden-Museum (Hrsg.): *Ferne Völker – Frühe Zeiten, Band 1: Afrika, Ozeanien, Amerika*, Recklinghausen 1982

Lissner, Ivar, und Gerhard Rauchwetter: *Der Mensch und seine Gottesbilder*, Olten und Freiburg 1982

Lommel, Andreas: *Die Welt der frühen Jäger*, München 1965

Lynton, Marion und Mark: *Aus der Tiefe – Grabfiguren aus Westmexiko*, Köln 1986

Menghin, Wilfried, und Dieter Planck (Hrsg.): *Archäologie in Deutschland*, Staatliche Museen, Berlin 2002

Müller-Ebeling, Claudia, und Christian Rätsch: *Schamanismus und Tantra in Nepal – Heilmethoden, Thankas und Rituale*, Aarau 2000

Nauwald, Nana: *Bärenkraft und Jaguarmedizin – Die bewusstseinsöffnenden Techniken der Schamanen*, Aarau 2002

Nauwald, Nana, *Der Flug des Schamanen – Schamanische Märchen und Mythen*, Havelte 2004

Nauwald, Nana, *Feuerfrau und Windgesang – Schamanische Rituale für Schutz und Stärkung*, Aarau 2010

Nauwald, Nana, *Schamanische Rituale der Wandlung – Den Geist der Tiere erfahren*, Aarau 2010

Niederrheinisches Museum (Hrsg.): *Rentierjäger und Rentierzüchter Sibiriens früher und heute*, Duisburg 1985

Prem, Hanns J., und Ursula Dyckerhoff: *Das alte Mexiko – Geschichte und Kultur der Völker Mesoamerikas*, München 1986

Probst, Ernst: *Deutschland in der Steinzeit*, München 1999

Rickenbach, Judith: *Mexiko – Präkolumbische Kulturen am Golf von Mexiko*, Museum Rietberg, Zürich 1997

Röder, Brigitte, Juliane Hummel und Brigitta Kunz: *Göttinnendämmerung – Das Matriarchat aus archäologischer Sicht*, Königsförde 2001

Schenk, Amelie: *Schamanen auf dem Dach der Welt*, Graz 1994

Schmidt, Peter, Mercedes de la Garza und Enrique Nalda: *Maya Civilization*, London 1998

Solis, Felipe, und Ted Leyenaar: *Mexico – Journey to the Lands of the Gods*, Amsterdam 2002

Stadt Duisburg (Hrsg.): *Die große Göttin der Fruchtbarkeit – die Tempel der Vorzeit auf Malta*, Duisburg 1992

Stierlin, Henri: *Die Kunst der Azteken*, Stuttgart, Zürich 1997

Strassman, Rick: *DMT – Das Molekül des Bewusstseins*, Baden, München 2004

Street, Martin: *Jäger und Schamanen*, Mainz 1989

The Art Museum Princeton University (Hrsg.): *The Olmec World – Ritual and Rulership*, Princeton 1996

Thimme, Jürgen (Hrsg.): *Kunst der Kykladen*, Karlsruhe 1976

Townsend, Richard F. (Hrsg.): *The Ancient Americas – Art from Sacred Landscapes*, The Art Institut of Chicago, München 1992

Walker, Barbara G.: *Das geheime Wissen der Frauen*, Frankfurt 1993

Walker, Barbara G., *Die geheimen Symbole der Frauen*, München 1997

Wasson, Gordon R., Carl A. Ruck und Albert Hofmann: *The Road to Eleusis*, New York 1978

Verzeichnis der Körperhaltungen

Die Seitenzahlen in Normalschrift verweisen auf die Beschreibung und Abbildung der Körperhaltung. Kursivschrift verweist auf den beschreibenden Hintergrund der Haltung.

Zur beiliegenden CD

Diesem Buch liegt eine CD für die Praxis der Rituellen Körperhaltungen bei: Nana Nauwald: »Ecstatic Trance«. Der Rhythmus für die »Rituellen Körperhaltungen und ekstatische Trance nach Dr. Felicitas Goodman«®, gespielt von Nana Nauwald. Vier verschiedene 15-Minuten-Stücke, alle aufgenommen im Rhythmus von circa 210 bpm (Schlägen [beats] pro Minute).

Track 1: Rasselrhythmus mit vier Rasseln

Track 2: Trommelrhythmus mit Bodhran

Track 3: Zwei Schamanentrommeln aus Nepal

Track 4: Spiel mit dem Hang, eine Abwandlung der Steeldrum mit vielen Obertönen

Sie können sich den gewünschten Sound für die Trancehaltung jeweils auswählen. Am Ende jedes Stücks sind drei Minuten Pause zur Entspannung nach der Trance – und genügend Zeit, um den CD-Spieler abzuschalten.

Bücher aus dem AT Verlag

Christian Rätsch
Meine Begegnungen
mit Schamanenpflanzen

Wolf-Dieter Storl
Naturrituale
Mit schamanischen Ritualen zu
den eigenen Wurzeln finden

Ursula Walser-Biffiger
Vom schöpferischen Umgang
mit Orten der Kraft
Ein Praxisbuch mit Übungen
und Ritualen

Claudia Müller-Ebeling
Ahnen, Geister und
Schamanen
Universale Zeichen, Klänge und
Muster der unsichtbaren Welt

Christian Rätsch
Walpurgisnacht
Von fliegenden Hexen und
ekstatischen Tänzen

Kurt Lussi
Dämonen, Hexen, Böser Blick
Krankheit und magische
Heilung im Orient, in Europa
und Afrika

Christian Rätsch
Der Heilige Hain
Germanische Zauberpflanzen,
heilige Bäume und schamanische Rituale

Claudia Müller-Ebeling/
Christian Rätsch/Surendra
Bahadur Shahi
Schamanismus und Tantra
in Nepal
Heilmethoden, Thankas und
Rituale aus dem Himalaya

Arno Adelaars/Christian Rätsch/
Claudia Müller-Ebeling
Ayahuasca
Rituale, Zaubertränke und
visionäre Kunst aus Amazonien

Christian Rätsch
Räucherstoffe – Der Atem des
Drachen
72 Pflanzenporträts – Ethno-
botanik, Rituale und praktische
Anwendungen

Christian Rätsch
Weihrauch und Copal
Räucherharze und -hölzer –
Ethnobotanik, Rituale und
Rezepturen

AT Verlag
Bahnhofstraße 41
CH-5000 Aarau
Telefon +41 (0)58 200 44 00
Fax +41 (0)58 200 44 01
info@at-verlag.ch
www.at-verlag.ch